Hans-Jürgen Herrmann
Ulrich Löffler

Religionen

Schülerheft

Oberstufe Religion
Herausgegeben von Veit-Jakobus Dieterich und Hartmut Rupp

Calwer Verlag Stuttgart

Inhalt

ISBN 978-3-7668-3992-3

Umschlaggestaltung: Rainer E. Rühl, Alsheim
Titelbild: Paul Klee: Hauptweg und Nebenwege (1929), © VG Bild-Kunst, Bonn 2007. Foto: Rheinisches Bildarchiv Köln
Herstellung: Kurt Thönnes, die Werkstatt, Liebefeld-Bern
Satz und Reproduktion: MedienTeam Berger, Ellwangen
Druck: AZ Druck und Datentechnik, Kempten

A Religionen auf einen Blick

Der Anteil der Religionen an der Weltbevölkerung

	Europa	Afrika	Asien	Süd-Amerika	Nord-Amerika	Ozeanien	Weltweit
Buddhismus	1,55 Mio	134 000	355 Mio	647 000	2,7 Mio	301 000	360 Mio
Christentum	560 Mio	360 Mio	313 Mio	481 Mio	261 Mio	25 Mio	2 Mrd
Anglikanische Kirche	26,6 Mio	727 000	42,5 Mio	1,09 Mio	3,24 Mio	5,4 Mio	79,6 Mio
Katholizismus	286 Mio	120 Mio	110 Mio	461 Mio	71 Mio	8,22 Mio	1,06 Mrd
Orthodoxe Kirche	158 Mio	35 Mio	14,1 Mio	558 000	6,34 Mio	706 000	215 Mio
Protestantismus	77,5 Mio	89 Mio	50 Mio	48,1 Mio	70 Mio	7,4 Mio	342 Mio
Hinduismus	1,42 Mio	2,4 Mio	805 Mio	768 000	1,33 Mio	355 000	811 Mio
Islam	31,6 Mio	317 Mio	833 Mio	1,67 Mio	4,45 Mio	301 000	1,19 Mrd
Judentum	2,53 Mio	214 000	4,43 Mio	1,14 Mio	6,02 Mio	97 000	14,4 Mio
Neue Religionen	158 000	28 000	100 Mio	623 000	842 000	66 000	102 Mio
Stammesreligionen	1,26 Mio	96,8 Mio	128 Mio	1,3 Mio	444 000	268 000	228 Mio

Der Brockhaus Religionen, Glauben, Riten, Heilige Mannheim 2004, S. 682.

1 Ethnische Religionen

Der Begriff Stammesreligion, aber auch andere Begriffe wie Naturreligion, schriftlose Religion oder primitive Religion sind allesamt unbefriedigend, da in ihnen ungenaue und abwertende Urteile enthalten sind. Das zugrunde gelegte Maß ist die (christliche) Hochreligion. Mit dieser Unterscheidung wird bereits getrennt zwischen hoch und nieder. Die weiteren Zuschreibungen wie schriftlos, naturnah oder primitiv gehen damit einher und zeigen, wie heikel die Assoziationen hinter diesen Begriffen sind. Solche Bewertungen entstammen der Zeit der europäischen Expansion und des ungebrochenen Überlegenheitsgefühls westlicher Zivilisation und des Christentums. Heute werden diese Begriffe wissenschaftlich nur mit Vorbehalt und Vorsicht verwendet.
Stellt man indigene oder ethnische den so genannten Hochreligionen gegenüber, lassen sich bestimmte Gemeinsamkeiten erkennen. Ethnische Religionen erheben keinen universalen Anspruch, der Missionsgedanke ist unbekannt. Weltdeutendes Wissen ist ursprünglich nicht in Texten niedergeschrieben. Mündliche Überlieferungen und rituelles Handeln sind zentral. Lokale Gemeinschaft und ethnische Zugehörigkeit spielen eine wichtige Rolle, ebenso die Sozialstruktur der jeweiligen Gesellschaft. Ethnische Religionen sind weit vielfältiger als Hochreligionen. Ethnische Religionen haben genauso wie Hochreligionen eine Geschichte. Zum großen Teil entwickeln sie sich auch in der Moderne weiter. Magie, Ahnenkult, Initiations- und Heilrituale oder Schamanismus sind häufig Bestandteil ethnischer Religionen, aber nicht auf sie beschränkt. Ethnische Religionen und Hochreligionen beeinflussen sich gegenseitig.

Website der Religionskundlichen Sammlung der Philipps-Universität Marburg (www.uni-marburg.de/relsamm).

Die Verbreitung der traditionellen Religionen.

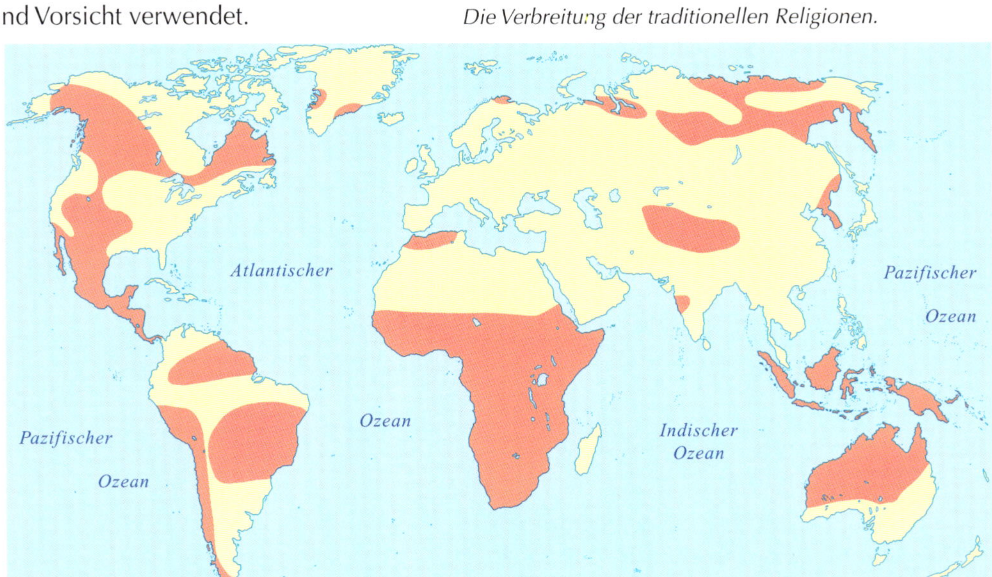

2 Buddhismus

Das Speichenrad ›Dharmacakra‹ (Sanskrit »Rad der Lehre«) ist das Symbol für die Ausbreitung der buddhistischen Lehre (Dharma) – die Speichen sind um die leere Nabe angeordnet. Es steht auch als Symbol für den Buddha selbst, der das Rad der Lehre in Gang gesetzt hat.

Buddha und seine Lehre

Siddhartha Gautama wurde um 563 v. Chr. in Nord-Indien (Lumbini/Nepal) geboren und wuchs in der Familie des Stammesfürsten Suddhodana und seiner Frau Maya auf. Im Alter von 29 Jahren (nach einer anderen Quelle sogar mit 19 Jahren) kam er in eine Krise, in der er am Sinn seines Lebens zweifelte und die ihn dazu brachte, seinem Leben eine radikale Wende zu geben. Er zog in die Hauslosigkeit. Üblicherweise bringt man vier Ausfahrten aus dem Königspalast mit Buddhas Wende in Verbindung. Bei diesen Ausfahrten begegnet der Buddha nacheinander einem hilflosen Greis, einem Schwerkranken, einem Leichnam und einem Mönch mit gelbem Gewand und geschorenem Haupthaar.
Die ältesten Textschichten kennen noch nicht die Legende von den vier Ausfahrten. Statt dessen werden die Überlegungen zur Weltflucht ohne Ausschmückung und als Zeichen eines inneren Prozesses dargestellt.
Die weiteren Episoden in Buddhas Leben haben im wesentlichen mit Buddhas Lehre zu tun. Nach der Überlieferung hat der Buddha sechs Jahre verschiedene Formen von Askese ausprobiert und sich verschiedenen Lehrern anvertraut, bis er unter einem Bodhi-Baum im heutigen Bodhgaya nach einigen Versuchungen des Mara, des Herrn der Sinnenwelt und Symbols des Todes, die Erleuchtung erlangte. Indem sein Geist und Denken völlig beruhigt wurde, gelangte er in höchster Versenkung zum Nirvana. Seitdem gilt er als »Erwachter«, eben als Buddha. Wenig später begab er sich nach Sarnath bei Benares und verkündete im dortigen Gazellenhain – in der sog. »Predigt von Benares« – seinen fünf ersten Jüngern die Lehre vom Mittleren Weg, vom achtfachen Pfad und die Vier Edlen Wahrheiten: den Kern des frühen Buddhismus.
Danach folgen 45 Jahre der Wanderschaft mit Predigten, Missionsarbeit und Ordensgründungen, begleitet von weiteren Versuchungserlebnissen. Auf dem Weg zu seiner Heimat soll er bei Kushinagara (heute Kasia) nach dem Verzehr einer verdorbenen Speise um 480 v. Chr. seinen Lebenswillen aufgegeben haben.

Nach Ulrich Luz/Axel Michaels: Jesus oder Buddha. Leben und Lehre im Vergleich, C. H. Beck Verlag, München 2002, S. 24f.

Glaubensbekenntnis:
»Ich nehme meine Zuflucht zum Buddha,
zur Lehre (zum Dharma),
zur Mönchsgemeinschaft (zum Sangha).«

Predigt von Benares – Das Rad der Lehre

■ *Buddha lehrte in einer nordindischen Volkssprache, welche in den indischen Pali-Dialekt übersetzt wurde. Das Pali (»Reihe, Ordnung« – der heiligen Texte) wurde zur Sprache des buddhistischen Grundkanons. Dieser Kanon besteht aus drei Sammlungen(»Tipitaka« = »Drei-Korb«). Der erste Korb (»Suttapitaka«) ist der wichtigste. Er enthält den Kanon der Lehrreden mit allen Grundsätzen der buddhistischen Lehre (dharma).*

1. So habe ich es gehört. Zu einer Zeit weilte der Erhabene zu Benares, im Tierpark von Isipatana.
2. Dort redete der Erhabene die Fünferschar der Mönche an: »Diesen zwei Extremen, o Mönche, darf von einem, der (als Mönch) hinausgezogen ist, nicht gefrönt werden. Welche zwei sind das?
3. Da ist einmal die Hingabe an die Lust der Sinnesfreuden, niedrig, gemein, weltlich [...] Da ist zum anderen die Hingabe an die Selbstpeinigung, leidvoll, unedel, [...] nicht zum Ziel führend. Ohne diesen beiden Extremen, o Mönche, zu folgen, ist ein mittlerer Weg vom Vollendeten entdeckt worden, der Sehen bewirkt, Wissen bewirkt, zur Beruhigung, zur Einsicht, zur Erleuchtung, zum Erlöschen führt. [...]
4. Es ist dieser edle achtgliedrige Weg, nämlich rechte Einsicht, rechter Entschluss, rechte Rede, rechte Tat, rechter Wandel, rechtes Streben, rechte Wachheit, rechte Versenkung. [...]
5. Dieses nun, o Mönche, ist die edle Wahrheit vom Leiden. Geburt ist Leiden, Alter ist Leiden, Krankheit ist Leiden, Sterben ist Leiden, Kummer, Wehklage, Schmerz [...]. Was man wünscht, nicht zu erlangen, ist Leiden; kurz gesagt, die fünf Arten des Festhaltens am Sein sind Leiden. [...]
7. Dieses nun, o Mönche, ist die edle Wahrheit von der Aufhebung des Leidens. Es ist die Aufhebung des Durstes durch seine restlose Vernichtung [...]
8. Dieses nun, o Mönche, ist die edle Wahrheit von dem zur Aufhebung des Leidens führenden Pfad. Es ist dieser edle achtgliedrige Weg [...]
16. Nachdem so durch den Erhabenen das Rad der Lehre in Bewegung gesetzt worden war, ließen die Erdgötter das Wort vernehmen: »Durch den Erhabenen ist zu Benares, im Tierpark zu Isipatana, das höchste Rad der Lehre in Bewegung gesetzt worden; zurückzurollen ist es nicht durch einen Gott, noch durch irgend jemand auf der Welt.

Dhammacakkappavattana-Sutta LVI, 11, 1–16, in: Klaus Mylius, Die vier edlen Wahrheiten. Texte des ursprünglichen Buddhismus, Stuttgart 1998, S. 242ff.

Die Verbreitung und die Richtungen des Buddhismus

Der Buddhismus entstand in den Fürstenkasten der indischen Städte als Reaktion gegen die Macht der Brahmanen (Hinduismus). Im Gegensatz zum Brahmanismus bietet er einen spirituellen Weg für alle an. Der Buddhismus breitete sich nach Mittelasien, China, Korea, Japan aus. Dabei bildeten sich verschiedene Glaubensrichtungen aus (»Fahrzeuge«).
Die in Europa bekannteste Lehre des japanischen Buddhismus ist der Zen-Buddhismus als sitzende Meditation. In Deutschland gibt es nach groben Schätzungen 100.000 deutsche und 120.000 asiatische Buddhisten (vorwiegend Vietnamesen und Thais). Die Deutsche Buddhistische Union (DBU) hat ca. 52 Mitgliedsgemeinschaften mit 10 bis 5000 Mitgliedern.

Nach Brigitte Dumortier, Atlas der Religionen. Glaubensrichtungen, Praktiken und Territorien. Militzke Verlag, Leipzig 2004, S. 30f.

»Atman« (Sanskrit) kann substantivisch mit »das Selbst«, oder als Reflexivpronomen mit »selbst«, teilweise auch als »Ich« übersetzt werden. »Anatman« ist das »Nichtselbst«.

»Dharma« meint erstens die zur Vergänglichkeit gehörenden Daseinsfaktoren, die das Bestehen des einzelnen Menschen ausmachen und sein Leben im Hier und Jetzt ordnen und bestimmen; zweitens das ewige kosmische Weltgesetz, das die Karmaordnung, die Bedingungen von Entstehen und Werden festlegt. Dharma ist das ewige Weltgesetz, welches Buddha mit den vier edlen Wahrheiten und dem achtfachen Pfad beschrieben hat. Es ist wie das Nirwana nichtbedingt, unvergänglich, unverändert. Der Dharma ist das Unvergängliche, Ewige, Unbedingte, dem man seine Ehrfurcht erweist.

»Karma« (wörtlich: »Tat«) beschreibt den Tun-Ergehen-Zusammenhang, aus dem heraus alles Denken, Reden und Handeln entweder heilsam, weil es den weiteren Erlösungsweg fördert, oder unheilsam ist. Karma konstituiert die Wiedergeburt (*samsara*). Die Frucht der Taten zeigt sich entweder in der gegenwärtigen, in der nächsten oder einer noch späteren zukünftigen Existenz, und zwar auf einer der fünf bzw. sechs Wiedergeburten (Hölle, Geisterreich, Tier-, Menschenwelt, göttliche Ebene bzw. auf der Asura-/Dämonenebene). Im Letzten wurzelt unheilvolles Karma in den Grundmustern des Unheilvollen: Gier, Hass und Verblendung. Erlösung ist das Ende jeglichen karmischen Wirkens und das Erlöschen von Karma im Vorgang des Erwachens (bodhi, Erleuchtung) überhaupt.

»Nirvana« (wörtl. »auslöschen, ausblasen«; sprich: Nirwānja) ist »das Ende der Begierde, des Hasses, der Verblendung«. Nirvana ist unvergänglich, unveränderlich, der leere Raum, in welchem alles ruht, und der dennoch von dem Bedingten nicht abhängig ist. Er ist unzerstörbar, allem gleich nah und gleich fern, die Ruhe schlechthin. Wer ins Nirvana eingeht, sei es im Jetzt oder nach dem Sterben, von dem sagt man, er »verlöscht«, so wie eine brennende Kerze im Verlöschen zur Ruhe kommt. Buddha verneint die Frage, ob er selbst nach seinem endgültigen Eingang ins Nirvana noch sei oder nicht mehr sei. Das heißt, er partizipiert an dem Nichtbedingten und gehört ihm zu. Wie das zu beschreiben und zu definieren sei, entzieht sich dem Sprachvermögen.

Text nach: Ulrich Luz/Axel Michaels, Jesus oder Buddha. Leben und Lehre im Vergleich, C. H. Beck Verlag, München 2002, S. 69 ff. Theo Sundermeier, Was ist Religion? Religionswissenschaft im theologischen Kontext. Ein Studienbuch. Gütersloher Verlagshaus, Gütersloh 1999, S. 120f.

➡ *Stichworterklärung S. 79*

3 Judentum

Das jüdische Symbol der ›Menora‹ (hebr. »Leuchter«) – der siebenarmige Leuchter – gehörte zum Kultgerät in der Stiftshütte und im Jerusalemer Tempel. Er wurde von dort 70 n. Chr. als Beute nach Rom gebracht und ist seither verschollen. Die Menora ist Symbol für den Tempel, Gottes Gegenwart, Licht, Lebensbaum und ewiges Leben. Im Unterschied zur Menora hat der beim Chanukkafest verwendete Leuchter acht Arme, sowie einen neunten für die Kerze zum Anzünden.

Rabbi Jeremy Rosen: Mein Judentum

■ *Jeremy Rosen wurde in Jerusalem zum Rabbiner ausgebildet. Nach einer Professur für vergleichende Religionswissenschaften in Antwerpen ist er seit 1999 Rabbiner und Direktor des modernen orthodoxen Gemeindezentrums YAKAR in London.*

Ich bin in Großbritannien aufgewachsen. Mein Vater war Rabbiner und Pädagoge. Er hatte ungeheuren Respekt vor den britischen Werten und liebte die westliche Kultur. Er war aber auch ein leidenschaftlich engagierter, sehr traditioneller Jude, der uns beibrachte, unsere Religion zu lieben, auch wenn es manchmal unbequem war. […]

Ich wusste, dass die meisten Juden nicht so religiös waren wie wir. Doch unser Leben war von einem System von Traditionen, Feiertagen und Speisevorschriften bestimmt, das uns veranlasste, als Familie und Gemeinschaft zu essen, zu studieren, zu spielen und zu beten. Wir fühlten uns nicht als etwas Besseres. Wir kamen mit allen möglichen Menschen zusammen. Die Theologie machte sich nur dann bemerkbar, wenn wir gefragt wurden, warum wir nicht auch an Jesus glauben.

Als ich älter wurde, entschied mein Vater, dass mir eine Portion echter jüdischer Bildung nicht schaden könne. Ich wurde dann (nicht ganz freiwillig, weil ich mich stärker für Fußball als für Bücher interessierte) nach Israel in eine Jeschiwa geschickt. So hießen dort Internate, in denen nur der Talmud und Judaistik gelehrt wurden – nicht wissenschaftlich, sondern aus einer engagierten, heute würde man vielleicht sagen »fundamentalistischen« Sicht.

In Israel begegnete mir zum ersten Mal die ethnische und religiöse Vielfalt jüdischen Lebens. Es gab afrikanische, indische und jemenitische Juden, die ganz anders aussahen als die europäischen Juden, die ich kannte. Ich lernte die verschiedensten Rabbiner kennen, die als Spezialisten für esoterische Spielarten jüdischen Geisteslebens und jüdischer Mystik galten.

Viele der traditionellen orientalischen Juden, der Sephardim, kleideten sich nach Art der arabischen Völker. Es gab moderne westliche Juden mit einer Vielfalt von Kopfbedeckungen und weltliche Juden, die man von anderen Mittelmeeranwohnern nicht unterscheiden konnte. Ich war in ein Kaleidoskop von Farben geraten. Ich fragte mich, was all diese verschiedenen Juden miteinander verband. Gewiss nicht ihr Verständnis von ihrer Kultur und Philosophie. Gemeinsam war ihnen das Bewusstsein, dass sie einst verfolgt oder gezwungen waren, sich als Bürger zweiter Klasse zu fühlen, und dass sie in ihrem eigenen Staat leben wollten. Was war das für ein Judentum, das die religiösen Juden verband?

Das Judentum ist eigentlich kein theologisches System. Das Erste Gebot lautet nicht »Du sollst glauben«, sondern »Ich bin der Herr, dein Gott«. Das göttliche Wesen wird nicht formell definiert. Als Antwort auf äußere Mächte hat das Judentum genauere Vorstellungen über das Leben nach dem Tod, über Heilserwartung und Auferstehung entwickelt. Nur als Antwort auf christliche Glaubenslehren haben sich große Rabbiner wie Maimonides dazu entschlossen, jüdische Theologie in eine bestimmte Form zu kleiden. Ansonsten wurde sie durch Midrasch genannte Lehren zum Ausdruck gebracht, die ihre Gedanken auf eine nichtformalisierte Weise behandelten.

Der Geist des Judentums liegt in seiner »Verfassung«, die allgemein als Tora, besonders aber als Halacha bekannt ist, ein anderes Wort für »Gesetz« (wörtlich: »der rechte Weg«). Es ist ein System für alle Aspekte des Lebens: zu Hause, bei der Arbeit, in der Gesellschaft ebenso wie in der Synagoge. Alles, was wir uns jeden Tag vornehmen, erhält einen Sinn. Es wird so verändert, dass man zuerst denkt, dann handelt. Die spätere Mystik fügte eine Dimension der inneren Sammlung hinzu, die jeder Handlung eine größere Bedeutung verlieh und zum Mittel der Erhebung, des geistigen Wachstums machte.

Ideen sind wichtig. Das Wesen Gottes, Lohn, Strafe, die Offenbarung, ewiges Leben und Heilserwartung gehören zum Judentum, doch sie werden in verschiedenen Traditionen ganz unterschiedlich verstanden. Aber diese Ideen ergänzen nur das Prinzip, ein gutes Leben zu führen und gemäß der Tora zu handeln. Liebe und Geist sind im Judentum wichtiger als alles andere. Jüdischer Gesetzesglaube ist keine trockene Pflichtübung. Er erinnert uns ständig an die noblen Ideen, denen wir nachstreben. Dass man vor dem Essen nachdenkt, weil es Vorschriften gibt, dass man einen Tag in der Woche der Meditation widmet, dass man sich zum Gebet bereit macht, dass man dem ganzen Spektrum körperlicher Tätigkeiten von der Sexualität bis hin zum Studium Einschränkungen auferlegt – das alles ist dazu da, die Freuden und den Sinn des Lebens zu steigern. Man kann die kabbalistischen Übungen hinzunehmen, die dem Yoga und der östlichen Meditation ähneln und Vieles mit dem Sufismus gemein haben. Doch letztlich ist es die alltägliche Lebensführung, die das Judentum mehr als alles andere definiert.

Das universalistische Judentum meiner Jugend war eine Religion von ungeheurer Lebendigkeit und Spiritualität, ganz anders als jener hochgestochene Rationalismus, der sich oft in dem findet, was im Westen als Judentum gilt. Das Judentum bietet uns ein weiteres Beispiel religiösen Lebens, das die Möglichkeiten menschlicher Spiritualität erweitert. Aber wie bei allen guten Dingen muss man heute natürlich wissen, wo man sie findet.

Jeremy Rosen, in: Der große National Geographic Atlas der Weltreligionen, Washington/Hamburg 2004, S. 246f. (➡ S. 11, 79f.)

Jerusalem, die Heilige Stadt der Abrahamitischen Religionen

Um 1000 v. Chr. eroberte David das 3500 v. Chr. gegründete Urshalim und machte es zur Hauptstadt seines Königreiches. Er brachte die Bundeslade auf den Berg Moria (Tempelberg), wo sein Nachfolger Salomo den ersten Tempel erbauen ließ. Im Jahr 587 v. Chr. wurde dieser durch Nebukadnezar zerstört, die Hebräer führte er in die Gefangenschaft. Als das Edikt des Kyros ihnen 515 v. Chr. die Rückkehr erlaubte, bauten sie den Tempel wieder auf. Im Jahr 37 v. Chr. wurde an derselben Stelle der zweite Tempel gebaut, den die Römer 70 n. Chr. in Brand steckten.

Der letzte Überrest des Tempels ist die Ostwand (Khotel), die bei den Christen Klagemauer heißt und in der jüdischen Frömmigkeit einen wichtigen Platz einnimmt. Der Vorplatz des Tempels entspricht dem aktuellen Standort des Haram al-Scharif (des »Edlen Heiligtums«) der Muslime, die 692 den Felsendom und 715 die Al-Aqsa-Moschee erbauten.

638 wurde Jerusalem – arabisch El-Kuds (die Heilige) – durch den Kalifen Omar erobert. Nach Mekka und Medina ist Jerusalem der drittwichtigste heilige Ort des Islam. Sie war nach islamischer Überlieferung Schauplatz der nächtlichen Reise Muhammads, der auf einem wundersamen Reitpferd von Arabien nach Palästina gelangte, zu Gott hinaufstieg und zurückkehrte und dabei seinen Fußabdruck im Felsen hinterließ.

Für die Christen ist wichtig, dass sich die großen Ereignisse im irdischen Leben Jesu in Jerusalem abgespielt haben, wo seine Kreuzigung und seine Auferstehung ein neues Zeitalter einläuteten. 335 wurde ein Heiligtum errichtet, das den Ort der Kreuzigung und des Grabes Jesu umfasst, die heutige Grabeskirche. Um dorthin zu gelangen, nehmen die zahlreichen christlichen Pilger, die jedes Jahr besonders in der Passionszeit nach Jerusalem kommen, den beschwerlichen Weg über die Via Dolorosa, die symbolisch die 14 Stationen des Kreuzweges nachvollzieht. An ihr liegen Gemeinden, Klöster, Hospize und Kirchen aller christlichen Konfessionen.

Brigitte Dumortier, Atlas der Religionen. Militzke Verlag, Leipzig 2004, S. 48f. *(➡ S. 14f.)*

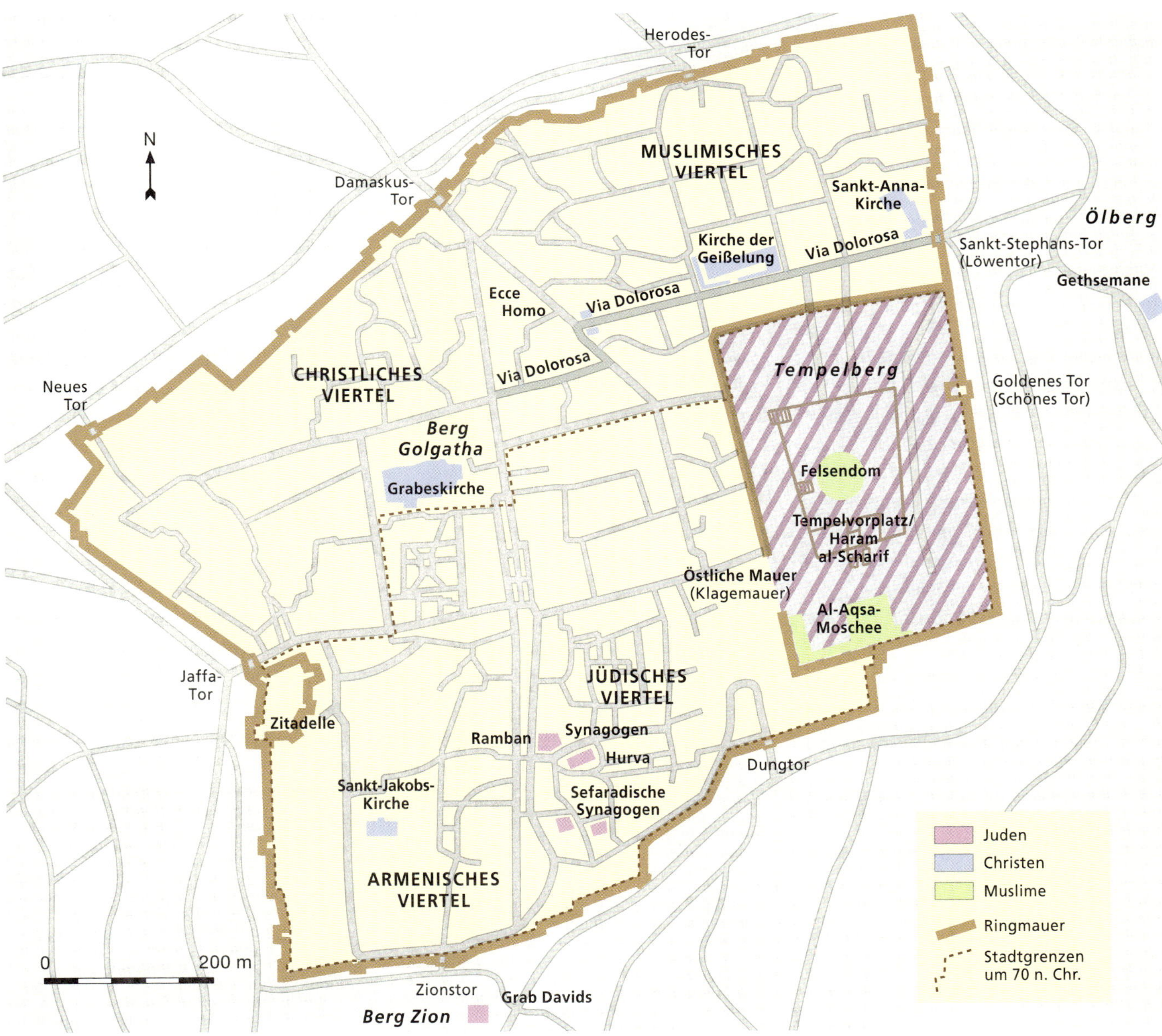

4 Christentum

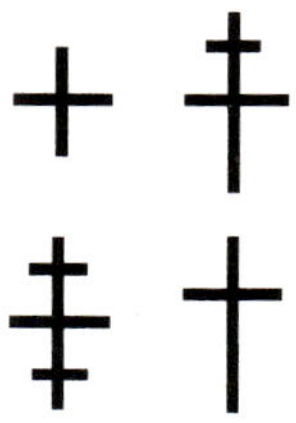

Als Bekenntnis zu dem gekreuzigten Jesus als dem auferstandenen Christus wird das Kreuz bereits im frühen Christentum zu einem Identifikationsmerkmal für den einzelnen Gläubigen und zu einem Symbol der Religion.
Das gleichschenklige Kreuz ist schon in der frühchristlichen Kunst häufig bezeugt (links oben). Daneben sind weitere unterschiedliche Kreuzformen verbreitet: das orientalische Doppelkreuz, das über dem Querbalken auch den Titulus (Kreuzesinschrift: »INRI«) darbietet (rechts oben), das byzantinische Kreuz, das unter dem Querbalken auch ein Fußbrett darstellt (links unten), sowie das im Abendland am weitesten verbreitete lateinische Kreuz (rechts unten). Die ältesten Kreuze mit der Darstellung von Jesu Körper stammen aus dem 7. Jahrhundert.

Das ökumenische Glaubensbekenntnis von Nizäa-Konstantinopel [4. Jh.]

Wir glauben an den einen Gott,
den Vater, den Allmächtigen,
der alles geschaffen hat, Himmel und Erde,
die sichtbare und die unsichtbare Welt.
Und an den einen Herrn Jesus Christus,
Gottes eingeborenen Sohn,
aus dem Vater geboren vor aller Zeit:
Gott von Gott, Licht vom Licht,
wahrer Gott vom wahren Gott,
gezeugt, nicht geschaffen,
eines Wesens mit dem Vater;
durch ihn ist alles geschaffen.
Für uns Menschen und zu unserm Heil
ist er vom Himmel gekommen,
hat Fleisch angenommen
durch den Heiligen Geist von der Jungfrau Maria
und ist Mensch geworden.
Er wurde für uns gekreuzigt unter Pontius Pilatus,
hat gelitten und ist begraben worden,
ist am dritten Tage auferstanden nach der Schrift
und aufgefahren in den Himmel.
Er sitzt zur Rechten des Vaters
und wird wiederkommen in Herrlichkeit,
zu richten die Lebenden und die Toten;
seiner Herrschaft wird kein Ende sein.
Wir glauben an den Heiligen Geist,
der Herr ist und lebendig macht,
der aus dem Vater und dem Sohn hervorgeht,
der mit dem Vater und dem Sohn angebetet und
verherrlicht wird,
der gesprochen hat durch die Propheten,
und die eine, heilige, allgemeine und apostolische
Kirche.
Wir bekennen die eine Taufe zur Vergebung der Sünden.
Wir erwarten die Auferstehung der Toten
und das Leben der kommenden Welt. Amen.

Gerd Theißen: Die Transformation der jüdischen Religion durch den nachösterlichen Christusglauben

■ *Gerd Theißen (geb. 1943) ist Professor für Neues Testament an der Universität Heidelberg.*

Jesus hat die jüdische Religion revitalisiert. Er rückte deren Grundüberzeugung vom einen und einzigen Gott in neuer Weise ins Zentrum der religiösen Zeichensprache, indem er die hereinbrechende Gottesherrschaft verkündigte. Die ersten Christen aber stellten Jesus selbst ins Zentrum ihrer religiösen Zeichenwelt, inthronisierten ihn in ihren Hymnen und Gebeten zur Rechten Gottes und legten damit den Grund für die Trennung von Christentum und Judentum. Dieser Weg von der Theozentrik Jesu zur Christozentrik der Christen, vom jüdischen Charismatiker Jesus zu dessen Vergöttlichung [...] ist ein zentrales Thema einer Theorie der urchristlichen Religion. Es ist Konsens, dass die ersten Christen weit mehr über Jesus ausgesagt haben, als Jesus je über sich selbst gesagt hat. Es ist ferner Konsens, dass der Anstoß zu dieser Transzendierung aller Aussagen des historischen Jesus von den Ostererscheinungen ausging. Sie sind als visionäre Erfahrungen gut bezeugt. An ihrem subjektiv authentischen Erlebnisgehalt sollte kein Zweifel bestehen, unabhängig davon, wie man dies Erleben deutet.
Man darf natürlich fragen: Stoßen wir hier nicht an eine Grenze jeder religionswissenschaftlichen Analyse? Lässt sich über das Ostergeschehen so reden, dass es argumentativ für Binnenbewohner und Außenstehende nachvollziehbar ist? Zumindest lässt sich der für uns greifbare »semiotische« Prozess, der mit diesem Geschehen verbunden ist, klar erkennen: Jesus rückt ins Zentrum (oder an die Spitze) des religiösen Zeichensystems, wobei grundlegende Regeln dieses Zeichensystems außer Kraft gesetzt scheinen: die Distanz zwischen Gott und Mensch und die Exklusivität Gottes, der niemanden neben sich hat – und keine Götter neben sich duldet. Bei Jesus scheint sich diese Logik umzukehren: Weil er für die ersten Christen unbestreitbar neben Gott steht, muss er selbst ein Gott sein! Aber wie konnte es zu dieser Erhöhung Jesu kommen?
Unsere These ist: Die Erhöhung Jesu zu göttlichem Rang entsprach einer im jüdischen Monotheismus enthaltenen Dynamik. Der Glaube an den einen und einzigen Gott hatte sich im 6. Jh. v. Chr. durch Bewältigung einer analogen Erfahrung herausgebildet: Die Erhebung JHWHs zum einen und einzigen Gott war ebenso Bewältigung einer Krise wie die Erhebung Jesu zu einzigartigem göttlichen Rang. In beiden Vorgängen kommt dieselbe »monotheistische Dynamik« zum Zuge, sodass die Vergöttlichung Jesu nicht Widerspruch zum Grundaxiom der jüdischen Zeichenwelt, sondern deren konsequenter »Ausbau« und »Vollendung« war. Es waren ja keine Heiden, die Jesus zur Rechten Gottes inthronisierten, sondern Juden; und sie taten es nicht im Bewusstsein, damit ihren jüdischen Monotheismus zu verlassen, sondern ihn zur Vollendung zu bringen.

Gerd Theißen, Die Religion der ersten Christen. Eine Theorie des Urchristentums, Gütersloher Verlagshaus, Gütersloh 2000, S. 71f.

Die Ausbreitung des Christentums

Das Christentum hat sich in seiner beinahe 2000-jährigen Geschichte zur quantitativ größten Weltreligion entwickelt. Diese Verbreitung ging zum Teil mit der neuzeitlichen Kolonisierung durch das Abendland einher. Seit 1970 lebt die Mehrheit der Christen nicht mehr auf der nördlichen, sondern auf der südlichen Hemisphäre. Insofern repräsentiert die abendländisch vertraute Form des Christentums der beiden großen Konfessionen (Katholizismus und Protestantismus) nicht mehr die weltweite Christenheit.

Auch wenn in einem Zeitalter der Säkularisierung in Westeuropa und Nordamerika das lateinisch-abendländische Christentum hinsichtlich seiner Verbreitung seit einigen Jahrzehnten rückläufig ist, bleibt es in der Form der Zivilreligion, die u.a. ein Produkt der Kultur prägenden Kraft des Christentums ist, ein weiterhin nicht zu übersehender Faktor abendländischer Geistesgeschichte. Die orthodoxen Kirchen haben seit den politischen Veränderungen in Osteuropa seit dem Ende der achtziger Jahre des 20. Jahrhunderts wieder die Möglichkeit, zur kulturellen Neugestaltung dieses Raumes beizutragen. Orientalische Kirchen wie das armenische oder georgische Christentum können in diesem politischen Umgestaltungsprozess nach einer Periode der Unterdrückung wieder kultur- und nationenprägend wirken.

Rund 50 Prozent der derzeit knapp zwei Milliarden Christen werden zur römisch-katholischen Tradition gerechnet, etwa 350 Millionen gehören dem Protestantismus an, etwa die gleiche Zahl so genannten »unabhängigen« Kirchen (z.B. Baptisten, Methodisten), die sich zum Großteil historisch-theologisch der protestantischen Tradition zuordnen lassen, dabei allerdings betonen, dass sie organisatorisch von protestantischen Kirchen unabhängig sind. Etwa 225 Millionen Menschen gehören einer orthodoxen Tradition an, während zu den orientalischen Kirchen nur etwa 50 Millionen gehören. In Bezug auf Deutschland kann man folgende Zahlen anführen: Die römisch-katholische Kirche und die evangelischen Kirchen haben derzeit etwa je 27 Millionen Mitglieder, den orthodoxen Kirchen gehören rund 1,2 Millionen Menschen an, während die verschiedenen orientalischen Kirchen ungefähr eine Gesamtzahl von 115.000 Gläubigen aufweisen. Insofern spiegelt die aktuelle Situation in Deutschland die vielfältigen Richtungen innerhalb des Christentums durchaus treffend wider.

Nach Manfred Hutter, Die Weltreligionen, C.H. Beck Verlag, München 2005, S. 53ff.

Durch die großen Entdeckungen im 16. Jh. verbreitete sich das Christentum mit der Kolonisation von den Küsten aus ins Landesinnere. Es verdrängte damit auch die alten Religionen und Kulturen. (➡ S. 3)

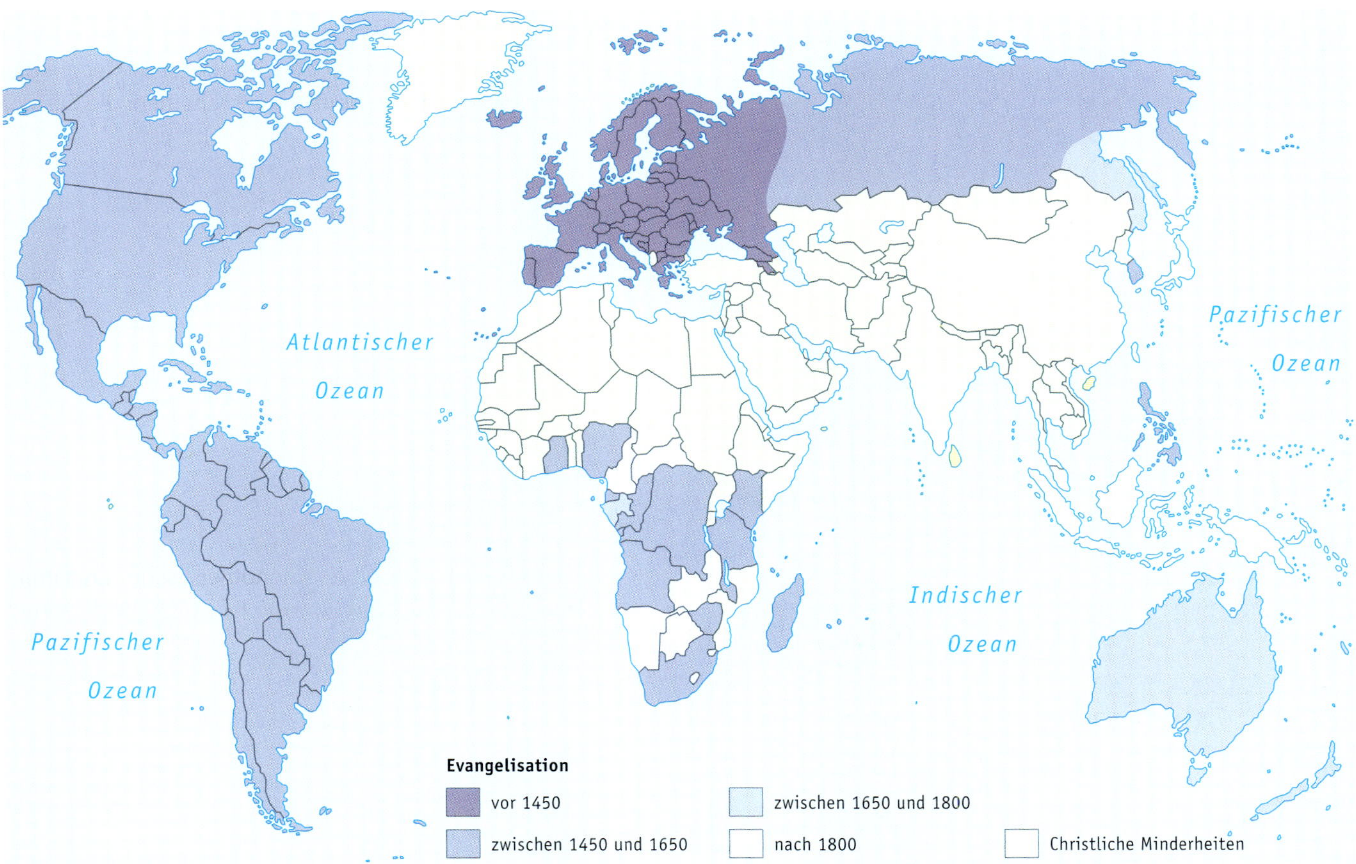

5 Islam

Shahada (arab. »Zeugnis«): »Ich bezeuge, es gibt keinen Gott außer Gott, und Muhammad ist der Gesandte Gottes.« Durch lautes und bewusstes Aussprechen dieser Formel in arabischer Sprache bezeugt der Gläubige seine Zugehörigkeit zum Islam. Sie ist Teil des Gebetsrufs, sowie des täglichen Gebets (Salat). Die Schiiten ergänzen die Formel um den Satz »und Ali ist der Freund Gottes« (s.u.).

Islam und Muslim leiten sich von dem arabischen Verb *aslama* ›sich ergeben, sich hingeben, übergeben‹ ab: *»Wer sich Gott ergibt (aslama) und dabei rechtschaffen ist, dem steht bei seinem Herrn ein Lohn zu«* (Sure 2,112). Die Bezeichnung Mohammedaner ist unzutreffend, denn Muslime beten zu Gott und nicht zu Mohammed.

Die *Sunniten* bilden die überwältigende Mehrheit der Muslime. Sie vertreten nach ihrem eigenen Selbstverständnis die Orthodoxie des Islam in Glaubensfragen und messen der politischen Stabilität im Staat sowie der ausgewogenen Praktikabilität im Gesetz große Bedeutung zu. Die Grundlage des Sunnismus ist neben dem Koran die Sunna, die Worte und vorbildhaften Taten des Propheten Mohammed, wie sie in den Traditionssammlungen (Hadithe) überliefert werden. Dazu kommt die übereinstimmende Meinung der Gemeinschaft (*Umma*).

Die *Schiiten* (*Schi'a* = Partei) mit etwa 10 Prozent der Muslime sind Anhänger des Kalifen Ali, des Schwiegersohns Muhammads, und teilen die Ansprüche der Sunniten nicht. Sie halten am Grundsatz der blutmäßigen Abstammung von Muhammad als Bedingung zur Übernahme des Kalifenamtes fest. Wichtiger für sie ist jedoch die religiöse und politische Führungsrolle des Gesamtleiters der Gemeinschaft, des Imam, dessen Einsetzung ein göttliches Gebot sei und der als einziger legitimer Führer der Gemeinschaft gilt.

Nach: Der Koran, erschlossen und kommentiert von Adel Theodor Khoury, Patmos Verlag, Düsseldorf 2005, S. 57.

Islamismus

Seit den sechziger Jahren geriet die islamische Welt unter den Einfluss des Fundamentalismus. Dazu trug entscheidend die islamische Revolution im Iran mit ihrer schiitischen Hierarchie der Religionsgelehrten bei, welche von der sunnitischen Mehrheit nicht akzeptiert wird. Der Islamismus vertritt eine rückwärtsgewandte Utopie zur Wiederherstellung des verklärten Urislam. Der Koran und die Hadithe (»Mitteilung, Erzählung«, Sammlung der Worte und Taten Mohammeds, die u.a. unterschiedliche Fragen des Lebens regelt), werden wörtlich auf alle politischen, juristischen und menschlichen Fragen angewendet. Der westliche Einfluss wird abgelehnt.

In Konkurrenz zum islamischen Fundamentalismus stehen heute Vertreter eines aufgeklärten, ethisch orientierten Islam, die den Säkularisierungsprozess bejahen und eine vernünftige Synthese von islamischer Tradition und Moderne erstreben. Die stark mystisch orientierte islamische Volksfrömmigkeit steht der Intoleranz und dem Rigorismus großenteils ablehnend gegenüber.

Nach: Der Brockhaus Religionen, Mannheim 2004, S. 288.

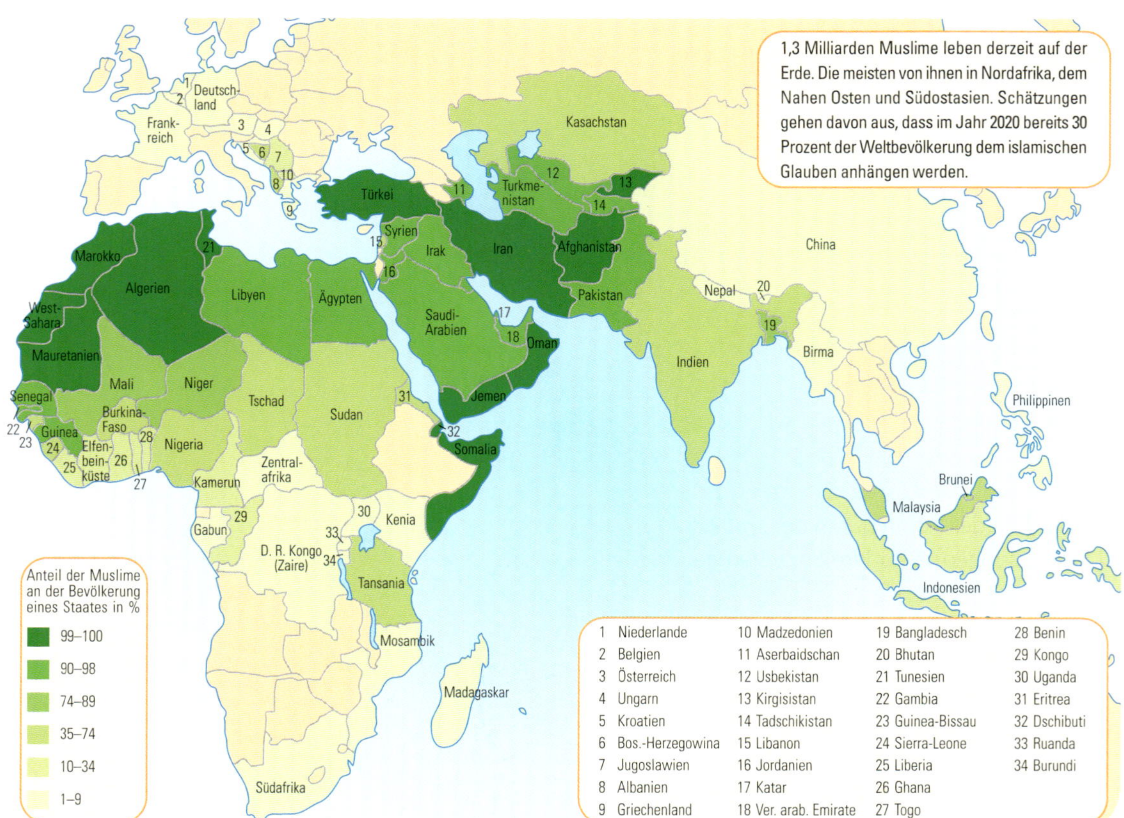

Scharia

Die Scharia stützt sich auf vier Quellen: den Koran, dessen Text zu einem Siebtel aus Rechtsvorschriften besteht, die Hadithe, den Konsens der Glaubensgemeinschaft oder der Gelehrten sowie den Analogieschluss zu Koran und Hadith-Stellen. Die Scharia reguliert Rechtsfragen (z. B. Ehe-, Familien- und Strafrecht), alle Normfragen und die fünf Säulen des Islam.
Bis ins 19. Jh. war das islamische Recht die vorherrschende Staatstheorie in den islamischen Staaten. Seitdem wurden viele Bereiche statt durch die Scharia durch Codices nach modernen europäischen Vorbildern geregelt. Darum gilt das islamische Recht heute in der Mehrzahl der Staaten nur noch für das Familien- und Erbrecht. In der Türkei ist es seit 1926 ganz abgeschafft, in Saudi-Arabien gilt es aber uneingeschränkt.

Nach: Der Brockhaus Religionen, Mannheim 2004, S. 289f.

Muhammad und der Koran

Muhammad ist für den islamischen Glauben das »Siegel der Propheten« (Sure 33,40), der durch seine Sendung auch die Botschaften seiner Vorgänger bestätigte, die sämtlich nichts anderes als den Islam verkündet hatten (2,136f.; 42,14). Aber Muhammad ist dennoch nicht die Mitte des Islam. Die Mitte des Islam ist ein Buch – der Koran, das endgültige Wort Gottes – in einer ästhetisch schönen, dichterischen leidenschaftlichen Sprache.
Das Wort Koran, arabisch *qur'an*, stammt vom Verb *quara'a*: lesen, vorlesen. Der Koran ist ein Lektionar, in dem gelesen und aus dem vorgelesen wird. Das Vorlesen gewinnt eine besondere Bedeutung in einer Analphabeten-Gesellschaft, wie die frühislamische Gemeinde eine war. Und er ist ein Lesebuch, die Urkunde der göttlichen Botschaft und das Nachschlagewerk des Islam. Im Koran findet der fromme Gläubige, der Mystiker und der Rechtsgelehrte Belehrung, Erbauung, Weisung.
Der Inhalt des Koran wurde dem Propheten nach muslimischer Überzeugung von Gott durch die Vermittlung des Engels Gabriel über einen Zeitraum von etwa 20 Jahren offenbart. Weil der Text Gottes Wort ist, gilt er als unnachahmlich. Große Teile sind in »Reimprosa« (*Saj*) formuliert und stammen in der Mehrzahl aus der mekkanischen Periode. Der Stil dieser Offenbarungen ist emotional, wirkt spontan und expressiv: Die in Medina offenbarten Teile sind dagegen ruhiger.
Für Muslime ist der Text des Koran nur in der arabischen Form authentisch. Übersetzungen in andere Sprachen gelten nicht als echter Text. Daher ist jeder Muslim, gleich welcher sprachlichen Herkunft, verpflichtet, Arabisch zu lernen und zu rezitieren. Es handelt sich um einen Text, der in 114 Suren nach unterschiedlichen Längen eingeteilt ist (Sure 2 ist mit 286 Versen die längste, Sure 110 mit drei Versen die kürzeste).

Nach: Peter Heine: Islam zur Einführung. Junius, Hamburg 2003, S. 36f.; Der Koran, erschlossen und kommentiert von Adel Theodor Khoury, Patmos Verlag, Düsseldorf 2005, S. 14ff.

Tanzende Derwische – Osmanische Miniatur, 16. Jh.; Istanbul, Topkap Sarail. Der Brockhaus Religionen, S. 616f.

Islamische Mystik. Sufismus

Die islamische Mystik entstand im 10. Jh. Der Mystiker ist der »Arme« (arabisch: *faqir*, persisch: *darvisch*); nach seiner Kutte aus Wolle (*suf*) wird er als Sufi bezeichnet. Ziel der islamischen Mystik ist es, eine hinter den Vorschriften der Scharia liegende tiefere Erkenntnis zu gewinnen, ja zur Gottesschau oder gar zur Vereinigung mit Gott zu gelangen. Kennzeichnend für die mystische Praxis ist das »Gedenken« (*dhikr*) Gottes in endlosen Wiederholungen des Gottesnamens (vgl. Abb. S. 47: »Die 99 Namen Gottes«), begleitet von rhythmischen Körperbewegungen. Der Orden der Maulawiyya (kurz: Melevis) in Konya (Türkei) geht auf den Mystiker und Dichter Maulana Dschalal addin Rumi (1207–1273) zurück. Die Melevis sind auch als »tanzende Derwische« bekannt, weil sie sich durch Flötenmusik und Tanz in Ekstase versetzen. Eng verknüpft mit der Frömmigkeit der Derwischorden ist die Verehrung wundertätiger Heiliger. Strenge Vertreter der Scharia, saudische Wahhabiten, zerstörten aber heilige Grabstätten der schiitischen Imame in Medina und im Irak, weil sie das für eine ketzerische Neuerung halten.

Heinz Halm, Der Islam. Geschichte und Gegenwart, C. H. Beck Verlag, München 2004, S. 52f.

B Lebensräume – Heilige Orte

»Nur der Nüchterne ahnt das Heilige, alles andere ist Geflunker, glaubt mir, nicht wert, dass wir uns aufhalten darin.« Diese Einschätzung des Schweizer Dichters Max Frisch betrachtet einen Grundvollzug religiöser Erfahrung mit höchster Skepsis. Brauchen alle Religionen notwendigerweise besondere Orte, um sich »im Heiligen« aufzuhalten? Gibt es über alle Unterschiede hinweg Gemeinsamkeiten in der Gestaltung solcher Orte? Was könnte es bedeuten, dass für eine Religion die gesamte ihr bekannte Welt heilig ist? Doch schon bevor eine explizit religiöse Praxis ins Spiel kommt, stellen sich bisweilen Fragen nach der besonderen Qualität von Orten und Räumen. Welcher Raum, welcher Platz kann für einen einzelnen Menschen heilig werden?

6 Ethnische Religionen: Mythos Erde bei den Aborigines

Gemäß den religiösen Vorstellungen der Aranda (Aborigines im Norden Australiens) besteht die Welt, der Himmel und die Erde, ewig. Über ihre Erschaffung gibt es keine Mythen. Ewig und zeitlos existieren auch die Gottheiten. Sie sind bei der Schaffung des Lebens kaum oder gar nicht beteiligt und werden von den Menschen weder besungen noch verehrt oder besonders gefürchtet. Am Beginn der Zeit liegt die Erde noch unstrukturiert und kahl, ohne Berge und Hügel, ohne Flüsse und Sümpfe. Alles, was der Welt Gestalt gibt, schläft am Anfang noch in der Erde.

Einst lagen Finsternis und Stille über der Erde, und nichts regte sich auf ihrer öden Oberfläche. In einer tiefen Höhle unter der Nullarbor-Ebene schlief eine wunderschöne Frau, die Sonne. Der mächtige Allvater weckte sie sanft und gebot ihr, aus ihrer Höhle zu steigen und die Welt zum Leben zu erwecken. Mutter Sonne schlug ihre Augen auf und die Finsternis verschwand, als ihr strahlender Blick über die Erde glitt. Sie holte tief Atem und ein milder Wind wehte über das Land.

Mutter Sonne begab sich auf eine lange Wanderung von Ost nach West und von Nord nach Süd. Sie wanderte über das öde Land und überall, wo ihre sanften Strahlen die Erde berührten, kamen Gräser, Büsche und Bäume zum Vorschein, bis das nackte Land mit einem Pflanzenkleid bedeckt war. In den dunklen Erdlöchern und Erdhöhlen fand Mutter Sonne Lebewesen, die wie sie selbst dort seit urdenklichen Zeiten gelegen hatten. Sie rüttelte die Insekten aus ihrem Schlaf und sandte sie in die Gräser und in die Bäume und Büsche. Dann erweckte sie die Schlangen und Eidechsen und all die anderen Reptilien und sie krochen aus ihren Erdlöchern und belebten die Erde. In der Spur der Schlangen bildeten sich Wasserläufe, in deren Wasser sich die Fische und die anderen Wasserlebewesen verbreiteten. Dann rief die Sonne die übrigen Lebewesen ins Leben und sie verteilten sich über die Erde und bevölkerten sie. Dann sprach Mutter Sonne zu ihnen und erklärte, dass sich die Zeiten des Jahres von kalt in heiß, und von feucht in trocken verändern würden und schuf so die Jahreszeiten. Dann wanderte sie den Himmel entlang weit hinüber in den Westen und der Himmel färbte sich rot, und die Sonne verschwand aus der Sicht der Tiere. Als sich die Finsternis wieder über die Erde legte, verbreitete sich Furcht und Schrecken unter allen Lebewesen, und sie versammelten sich und kauerten eng aneinander in ihrer großen Angst. Doch dann färbte sich der Himmel wieder rot, und die Sonne stieg im Osten wieder in den Himmel empor. Und von nun an schenkte die Sonne täglich den Lebewesen auf der Erde eine Zeit des Lichtes, in dem sie ihren Angelegenheiten nachgehen konnten, und eine Zeit der Dunkelheit, in der sie sich von den Anstrengungen des hellen Tages erholen und ruhen konnten.

Märchen aus Australien. Traumzeitmythen und -geschichten der australischen Aborigines. Diederichs Verlag, Düsseldorf und Köln 1981, S. 175–176.

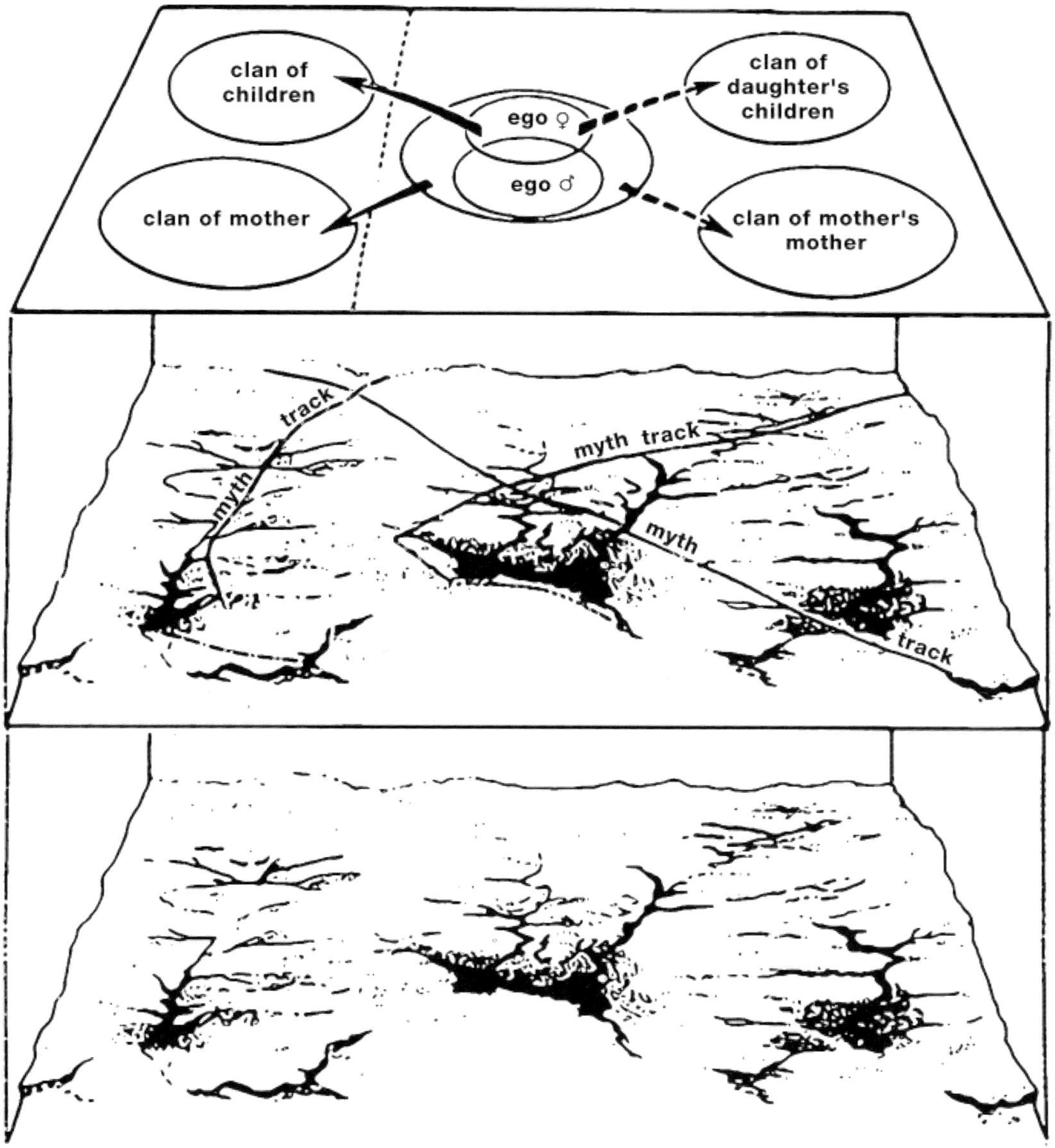

Corinna Erckenbrecht: Traumpfade. Land und Umwelt im Verständnis der Aborigines. In: infoe-magazin. Zeitschrift für Ökologie und ›Vierte Welt‹, Köln 1993, S. 8–10.

Die Aborigines betrachten und bewohnen ihren Lebensraum unter drei miteinander verbundenen Wahrnehmungsperspektiven: 1. Er ist Garant der Versorgung mit dem Lebensnotwendigen (wirtschaftliche Ebene). 2. Er ist das Gebiet, auf dem die so genannten Traumzeitpfade verlaufen, auf denen die mythischen Vorfahren der Aborigines reisten und dem Land seine wesentlichen Strukturen gaben (sakral-traumzeitliche Ebene). 3. Er ist in der Gegenwart in die Territorien verschiedener Clans und Abstammungsgruppen unterteilt (Ebene der sozialen Topographie).
Die Aborigines haben zu ihrem Land also eine existentielle und spirituelle Einstellung. Es ist nicht nur die Bühne der Traumzeitgeschehnisse, die Wanderwelt der Ahnenwesen, das Abbild ihrer Mythologien, sondern auch der Ursprung ihrer Kinder und die Heimat ihrer Toten. Die europäischen Einwanderer konnten diese Beziehung mit all ihren Konsequenzen nicht erfassen. Für sie gab es keinerlei Anzeichen, dass die Aborigines das Land tatsächlich besaßen. Da sie weder Ackerbau noch Viehzucht betrieben und keine Nahrungsmittel produzierten, blieb der Beweis, dass ihnen Grund und Boden gehörten, aus. Die Aborigines sahen keinen Zusammenhang zwischen Arbeit und Besitz, so wie es der englische Philosoph John Locke 1690 formuliert hat: »Die Arbeit seines Körpers und das Werk seiner Hände sind, so können wir sagen, im eigentlichen Sinne sein Eigentum. Was er also dem Zustand entrückt, den die Natur vorgesehen und in dem sie es belassen hat, hat er mit seiner Arbeit gemischt und ihm etwas Eigenes hinzugefügt. Er hat es somit zu seinem Eigentum gemacht.«

7 Judentum: Jerusalem – die Stadt Gottes

Heilige Stadt und Stadt des Streites

Für Juden, Christen und Muslime gilt: Jerusalem ist ihnen heilig. Gerade deswegen wurde – und ist – kaum eine andere Stadt so umkämpft. Wie kaum eine andere wurde sie zerstört und wieder aufgebaut. Die Jahrtausende alte Bedeutsamkeit Jerusalems zeichnet der Religionswissenschaftler Udo Tworuschka nach.

Es gibt viele Städte in der Welt, die nicht nur einer Religionstradition heilig sind, sondern für zwei, ja sogar mehrere Religionen Bedeutung haben. Der Gipfel des heiligen Berges Sri Pada auf Sri Lanka zum Beispiel, den die Engländer Adam's Peak nannten, ist ein Beispiel dafür. Im Felsen kann man ein überdimensioniertes Gebilde sehen, den Muslime als Adams Fuß, Christen dagegen als den des heiligen Thomas verehren. Hindus erkennen in dem heiligen Objekt den Fußstapfen ihres Gottes Shiva. Und für Buddhisten ist er der Fuß Buddhas, des »Tathagata«, des »So-Gegangenen«. Gestritten wird unter den Anhängern dieser Religionen zumindest an dieser und um diese Stätte wenig. Andere, von mehreren Religionen für heilig gehaltene Städte sind dagegen Orte schier endloser Streitigkeiten und Kämpfe: Ayodhya in Nordindien ist solch ein unheiliger Ort, an dem Hindus und Muslime sich gegenseitig bekämpfen.
Als Stadt des Streites und Kampfes aber dürfte Jerusalem wohl unübertroffen sein. Der englische Historiker, Geschichts- und Kulturphilosoph Arnold Joseph Toynbee (1889–1975) nannte diese Metropole einmal brutal »Schlachthaus der Religionen«. Mehr als vierzig Kriege, so will das Nachrichtenmagazin »Der Spiegel« gezählt haben, tobten in der Geschichte um diese Stadt. Siebzehn Mal wurde Jerusalem zerstört, zumindest teilweise, ein Dutzend Mal wechselte die dreimal heilige Stadt die herrschende Glaubensrichtung.
Das Judentum kennt vier heilige Städte: Jerusalem, Hebron, Safed und Tiberias. Aber Jerusalem übertrifft die anderen bei weitem an Heiligkeit, weil sie als die »Stadt Gottes« gilt und auf seinem heiligen Berg Zion thront. Jerusalem ist die Stadt König Davids, in die er die Lade Gottes brachte. Sein Nachfolger Salomo ließ hier den Ersten Tempel als Wohnstätte Gottes errichten. Jerusalem ist rituelles Zentrum Israels und Ziel der Pilgerfahrten zum Passa-, zum Wochen- und zum Laubhüttenfest. Im Abendsegen zum Sabbat und an Feiertagen wird Jerusalems gedacht: »Gelobt seist Du, Herr, der die Hütte seines Friedens ausbreitet über uns und ganz Israel und über Jerusalem.« Anschließend betet die Gemeinde: »Erbarme Dich über Zion; denn es ist das Haus unseres Lebens.« Jerusalem wird häufig in den rituellen Gebeten erwähnt. So heißt es in der 14. Bitte des »Achtzehnbittengebetes« (Amida): »Und nach Jerusalem, Deiner Stadt, kehre in Erbarmen zurück und wohne in ihr, wie Du versprochen hast, und erbaue sie bald in unseren Tagen als ein Gebäude für alle Zeit und errichte schnell Davids Thron in ihr. Gesegnet seist Du, Ewiger, der Jerusalem erbaut!«

Lange genug im Tal der Tränen
Der Empfang der Sabbatbraut erfolgt an jedem Freitagabend mit der Hymne »Lecha dodi«: »Komm, mein Geliebter, entgegen der Braut, lass uns den Sabbat freundlich empfangen. O Du heilige Königstadt (Jerusalem), zur Residenz auserkoren, erhebe Dich und tritt hervor aus der Zerstörung; Du hast lange genug geweilt in dem tränenreichen Tal; er wird sich nun Deiner mit Liebe erbarmen. Schüttle ab den Staub, erhebe Dich, kleide Dich, mein Volk, in Prachtgewand. Bald naht Dir, meine Seele, durch Isaias Sohn, den in Bethlehem Geborenen, die Erlösung.« Sechs der neun Strophen sind Jerusalem gewidmet.
Das Abschlussversprechen in der Pessach-Haggada drückt die Hoffnung auf eine Rückkehr in das Land der Mütter und Väter aus: »Das kommende Jahr in Jerusalem!« Die dritte Benediktion des Segensspruches nach dem Essen bezieht sich auf Jerusalem und Zion. Und das Zertreten eines Glases am Hochzeitstag – am glücklichsten Tag des Lebens – soll an das traurigste Ereignis in der jüdischen Geschichte erinnern: die Zerstörung Jerusalems und des Tempels.
Nach Schalom Ben-Chorin (1913–1999), einem der bedeutendsten jüdischen Religionsphilosophen des 20. Jahrhunderts, ist Jerusalem für Juden die Stadt, »in der sich Gott der Welt offenbart hat«.
Ein Mischna-Traktat unterscheidet zehn Grade der Heiligkeit. Gott hat Erez Israel (das Land Israel) als sein Land auserwählt und zu seiner Wohnstätte gemacht. Erez Israel ist das Land der Schekhina, der Gegenwart Gottes. Darum konnte auch nur dort der Tempel erbaut werden. Mit Erez Israel verbindet sich seit biblischen Zeiten die in vielen Religionen bekannte Vorstellung vom Mittelpunkt der Welt. Als Mitte des Landes gilt Jerusalem, in dessen Mitte sich das Heiligtum befindet. Im Zentrum des Heiligtums steht der Tempel und in dessen Mitte die Lade, darunter der aus Zeiten der Schöpfung stammende Grundstein. Die große Heiligkeit Israels wird von Jerusalem noch übertroffen: wegen des Tempels, seines Opfers und des Verzehrs des Zehnten. Noch heiliger als die Stadt ist der Tempelberg. Menschen mit bestimmten Krankheiten dürfen ihn nicht betreten, damit sie ihn nicht verunreinigen. Der Tempelberg ist heilig, weil ihn Abraham bestiegen hatte, um seinen Sohn Isaak zu opfern. Am heiligsten jedoch ist das »Allerheiligste« des Tempels, das nur der Hohepriester am Versöhnungstag betreten darf. Die Heiligkeit des Tempelbezirks gilt für alle Zeiten – auch nachdem der Zweite Tempel im Jahre 70 zerstört worden ist. Der Tempelberg gilt als Zentrum der Schöpfung. Hier wird der Dritte Tempel entstehen und dereinst die Posaune zum Jüngsten Gericht ertönen. Der Dritte Tempel, dessen Errichtung die Juden herbeisehnen, wird kein Menschenwerk sein, sondern »vom Himmel herab auf die Erde gesenkt« werden.

Udo Tworuschka, in: Zeitzeichen 3/2005, S. 30–32.

Die Ebstorfer Weltkarte ist die größte Radkarte des Mittelalters. Sie ist nach ihrem Fundort, dem Benediktinerkloster Ebstorf in der Lüneburger Heide, benannt. Im Mittelpunkt der Welt befindet sich die heilige Stadt Jerusalem, der Ort der Passion und der Auferstehung Jesu Christi.

8 Christentum: Ostern auf der Thingstätte

Ostergottesdienst auf dem Heiligenberg bei Heidelberg am Ostersonntag 1959

■ *Der Heidelberger Pfarrer Hermann Maas (1877–1970) wurde vor allem durch seinen Einsatz für verfolgte Juden während des Nationalsozialismus bekannt. Als christlichem Theologen war ihm nach dem Zweiten Weltkrieg in besonderer Weise der Dialog mit dem Judentum und die Aussöhnung mit Israel ein Anliegen.*
In einem internationalen ökumenischen Ostergottesdienst des Jahres 1959 auf dem Heiligenberg bei Heidelberg ging Hermann Maas zunächst auch auf die Besonderheit des Ortes ein. Der Heiligenberg ist als religiöser Ort vielfach bedeutsam. Der Gottesdienst unter freiem Himmel wurde wohl in den Ruinen des Klosters St. Michael gefeiert. Die Kirche wie zwei Vorgängerkirchen dieses 1023 gegründeten Klosters steht auf den Resten eines römischen Merkur- und Venustempels.
In der Nähe der Klosterruinen befindet sich die »Thingstätte«. Sie wurde von den Nationalsozialisten 1935 gebaut. Der Name leitet sich von der germanischen Volksversammlung (Thing) ab. Religion und politischer Machtanspruch sollten sich auf spezifische Weise verbinden. Man wollte nämlich auf der Thingstätte nach Aussagen eines nationalsozialistischen Zeitgenossen »über alle konfessionellen Grenzen hinweg zu einem arteigenen Kult« kommen.

Warum sind wir hier heraufgekommen? Wollten wir einen Osterspaziergang machen? Oder wollten wir uns erbauen an dem besonderen Schauspiel und Blick, die diese großangelegte Stätte mit ihrer Weite, ihrer Monumentalität bietet? Ja, auch hier ist Gottes Haus, der Himmel ist das Gewölbe, das über alle hölzernen und steinernen Gewölbe geht. Auch hier ist der Altarraum, dem in seiner Wucht wenige gleichkommen, auch hier ist das Gestühl auf den in Fels und Berg gehauenen Stufen.
Oder wollten wir uns freuen an dem ökumenischen Ereignis, an der großen Einheit der Kirche, in der nicht bloß zwei Sprachen in gleicher Weise zu Wort kommen, die englische und die deutsche, sondern auch die verschiedensten Riten und Denominationen der christlichen Kirche mit ihrer die Welt, die Völker, und die Rassen umspannenden Kraft?
Alle diese drei Motive können recht äußerliche sein. Sie können aber auch eine innere Wahrheit bekommen, wenn sie mit dem verbunden werden, was heute in der Mitte steht, größer als jedes Ziel eines Osterspaziergangs, diese Stätte erst zum wahren Christusdom weihend, die Ökumene im Tiefsten begründend.
Was ist aber diese Mitte? Es ist die Osterbotschaft, die Mitte des Evangeliums, das himmlische Ereignis, das in diese Welt des Todes hineinbricht wie ein gewaltiges Erdbeben. Was in diesem Osterevangelium, das wir eben gehört haben, gesagt ist, ist etwas unerhört Großes, etwas, was wir eigentlich gar nicht begreifen können. Es ist ein ungeheures Wort, dem gegenüber wir hilflos sind wie die Kinder. Es ist etwas, das unsere Augen blendet, sodass wir sie erschrocken schließen müssen. Es ist ein Wort, das in allen Sprachen der Welt und aus jedem Munde gleich erschütternd klingt, weil es uns beansprucht, weil es nicht zum einen Ohr hinein und zum anderen hinaus will, sondern weil es uns wandeln will.
Was sagt aber diese Botschaft? Christus lebt. Er ist gestorben, das ist wahr, und kein Gerücht. Tod und Teufel sind über ihn Herr geworden. Das ist die Tatsache, die vor aller Welt Augen geschah. Aber er ist auferstanden. Noch tragen seine Hände und Füße die Zeichen der furchtbaren Kreuzespein, aber er lebt. Auch das ist eine Tatsache und nicht ein Gerücht, ein Märlein, das eine kleine Weile Gültigkeit hat; keine Idee, die kluge Geister ersannen. Tatsachen sind es: das leere Grab, die Erscheinungen des Lebensfürsten, fundamentale Wahrheit.
[...] Davor haben wir einfach zu schweigen und uns zu beugen, weil es auch um uns geht, denn jene Entscheidung ist kein örtlicher Einbruch in jener Welt, in der sie zuerst offenbar wurde, und kein Augenblickserfolg, sondern sie ist für alle Ewigkeit da.
Der Apostel Paulus gibt dieser Entscheidung den Namen Sieg: »Gott sei Dank, der uns den Sieg gegeben hat«. Es ist der Himmel und Erde, Zeit und Ewigkeit umfassende Sieg. Der Tod, der die Menschen wie eine Herde seit Menschengedenken vor sich hertreibt, und gegen dessen blutigen Stachel kein Großer und kein Kleiner, kein Starker und Geringer ausschlagen kann, hat seinen Stachel verloren. Gott hat ihn ihm aus der Hand gerungen. Er ist ihm entwunden. Christus trägt ihn in seiner Hand. Aber nicht mehr als Stachel, sondern als Hirtenstab.
Das Bild vom Stachel ist kein harmloses, sondern im Grunde ein furchtbares Bild. Wir haben in unsern Tagen den Tod neu kennen gelernt. Nicht mehr, wie es sentimentale Zeiten meinten, als »Freund«, als »Erlöser«, als »Gevatter«. Wir wissen aus der Zeit der Gasöfen und der Bomben, der Atomwaffen und der Gifte, dass der Satan sein Verbündeter ist, der Teufel und ein Rattenschwanz von Teufeln, von Mächten und Gewalten ist sein schauerlicher Helfershelfer.
Über diesen siegt der Auferstandene.

Quelle: Unveröffentlichtes Manuskript.

Altarraum der Heiliggeistkirche in Heidelberg, in der Hermann Maas als Pfarrer wirkte. In der Passionszeit 2005 wurde vor dem Altar durch die Künstlerin BriGitte Rost eine Installation angebracht, die den gesamten Altarbereich mit Nägeln überspannte. Foto: Philipp Rothe.

9 Religion in der Popularkultur: Shaka Re, der Gottesplanet

■ *Neben implizit religiösen Aussagen, Perspektiven und Anspielungen gibt es in der modernen Popularkultur auch die explizite Auseinandersetzung mit der Gottesfrage. Der Religionspädagoge Manfred Pirner hat ein Beispiel für eine solche Auseinandersetzung in der Filmserie Star-Trek dargestellt.*

Szene aus dem Star-Trek-Film »Am Rande des Universums« von 1989. Aus: Manfred Pirner, Fernsehmythen und religiöse Bildung, Gemeinschaftswerk der evangelischen Publizistik, Frankfurt a. M. 2001.

Typisch für die Classic-Serie ist, dass hier mehrfach die Frage nach Gott innerweltlich aufgelöst wird. […] Im fünften Kinofilm (»Am Rande des Universums«, 1989) wird [das Raumschiff] Enterprise von dem hochintelligenten Vulkanier Zybok in seine Gewalt gebracht, der mit ihr ins Zentrum der Galaxie fliegen will, wo er den sagenhaften Planeten »Shaka Re« vermutet. Dieser soll der Ort sein, an dem die Schöpfung begann und wo dementsprechend Gott zu finden ist. Nachdem sie die »große Barriere« überwunden haben, finden Zybok, Kirk, Spock und McCoy tatsächlich auf einem faszinierend aussehenden Planeten ein gleißend helles Energiefeld, aus dem eine dunkle, verhallte Männerstimme ertönt.

»Gott«: »Seid willkommen.«

McCoy (ehrfürchtig): »Ist das die Stimme Gottes?«
Im Energiefeld taucht das überdimensionale Gesicht eines alten Mannes mit weißem Bart (!) auf. Als Zybok »Gott« erklärt, dass sie mit einem Raumschiff hergekommen sind, will dieser das Raumschiff haben, um seine Weisheit und Macht in jeden Winkel des Universums zu bringen. Worauf sich Kirk wie ein Schuljunge meldet: »Verzeihung bitte. Ich möchte etwas fragen. Wozu braucht Gott ein Raumschiff?«

»Gott«: »Wer ist diese Kreatur?«

Kirk: »Wer ich bin? Das weißt du nicht? Du bist doch Gott!«

Zybok (auf Kirk deutend): »Er hat noch Zweifel.«

»Gott«: »Du zweifelst an mir?«

Kirk: »Ich will einen Beweis!«

Da kommen aus den Augen »Gottes« zwei Energiestrahlen, die Kirk durch die Luft schleudern und ihn verletzt zu Boden werfen. Auch Spock wird so behandelt, weil er zweifelt. McCoy, gefragt, ob auch er zweifelt, antwortet: »Ja, ich zweifle an einem Gott, der uns zu seinem Vergnügen Schmerzen zufügt.«

Zybok: »Stop! Der Gott von Shaka Re würde das nicht tun!«

»Gott«: »Shaka Re ist eine Vision von dir. Seit einer Ewigkeit bin ich hier an diesen Ort gefesselt. Das Schiff! Ich muss das Schiff haben!«

Traditionelle Klischees vom alten Mann mit weißem Bart werden wiederbelebt, um dann zerstört zu werden, denn natürlich ist das übermächtige und zugleich so ohnmächtige Wesen nicht Gott und muss wegen seiner Bösartigkeit am Ende zerstört werden. Die Frage nach Gott bleibt zwar grundsätzlich offen, wird aber in der Schlusssequenz des Films doch recht platt abgebogen.

McCoy: »Wir haben darüber sinniert, ob Gott wirklich da draußen ist.«

Kirk: »Vielleicht nicht da draußen, Pille, aber vielleicht hier drin, in unseren Herzen.«

Manfred Pirner, Fernsehmythen und religiöse Bildung, Gemeinschaftswerk der evangelischen Publizistik, Frankfurt a. M. 2001, S. 180f.

C Religion – Gemeinschaft – Gesellschaft

Der protestantische Theologe Nikolaus Ludwig Graf von Zinzendorf konstatierte im 18. Jahrhundert: »Kein Christentum ohne Gemeinschaft!« Könnte sich der Satz Zinzendorfs zum Beispiel auch auf den Buddhismus anwenden lassen? Wie weit oder wie eng ist dann der Begriff »religiöse Gemeinschaft« zu fassen? Der katholische Theologe Karl Rahner postulierte sogar die Existenz von so genannten »anonymen Christen« ohne direkte Zugehörigkeit zu einer christlichen Kirche. Wie aber gestaltet sich dann ein religiös bestimmtes Leben?
Jede religiöse Gemeinschaft lebt in einem gesellschaftlichen Umfeld, das mehr oder weniger mit dem sozialen System einer Religion verbunden ist. Das Verhältnis einer Religion zu einer Gesellschaft insgesamt hat vielfältige und bisweilen auch offensichtlich problemträchtige Züge. In jüngster Zeit stand immer wieder zur Diskussion, ob Religionen durch exklusive Wahrheitsansprüche ganze Gesellschaften gewaltbereit machen können. Sehr komplexe und mitunter schwer zu analysierende Beziehungen treten ins Blickfeld, wenn zum Beispiel das Verhältnis von Religion und Wirtschaftssystem oder von Religion und Demokratieverständnis bestimmt werden soll.

10 Jüdisches Leben in der Diaspora

Emil Schorsch: Juden in Hannover

■ *Für jüdisches Leben und jüdisches Selbstverständnis prägend war immer wieder die Tatsache, dass Juden als religiöse Minderheit in einer Gesellschaft leben mussten. Diese so genannte Diasporasituation bestand und besteht auch in Deutschland. Die Mitglieder der jüdischen Glaubensgemeinschaft gingen mit den damit verbundenen Herausforderungen und Schwierigkeiten seit jeher ganz unterschiedlich um.*
Der Hannoveraner Rabbiner Emil Schorsch berichtet im Jahr 1927 über charakteristische Unterschiede im Verhalten und im Selbstverständnis von deutschen Juden und aus den osteuropäischen Ländern zugewanderten Juden. Zunächst kommt Emil Schorsch auf einige Charakteristika innerhalb des deutschstämmigen Judentums zu sprechen.

Religiöse Unwissenheit war eine weit verbreitete Tatsache. Sie führte so weit, dass jemand, der Mitglied des Gemeindevorstandes wurde, sich dem Rabbiner überlegen fühlte, weil er sich mit der Verwaltung der Gemeindefinanzen beschäftigte. Unwissenheit in religiösen Dingen beschwerte ihn nicht, da der Materialismus das Leben der modernen Menschen beherrschte und der Religion nur aus politischen Erwägungen eine Stellung eingeräumt wurde. Es war noch immer so, dass die Gesellschaft die Zugehörigkeit zu einer Religion erwartete. Wo Kirchen waren, da mussten auch Synagogen sein, sonst wäre die jüdische Gemeinschaft als kommunistisch abgestempelt worden. In vielen Fällen ging diese Haltung nicht weiter als bis zum Zahlen der Gemeindesteuer, im Übrigen wollte der Beitragzahlende in Ruhe gelassen werden. Vielleicht war im Untergrund das Gefühl vorhanden, dass durch die Anstellung eines Rabbiners etwas getan werden konnte, um das Judentum als Religion zu erhalten. Aber das machte die Aufgabe des Rabbiners nicht leichter. Er fühlte die kalte Hand des Unglaubens, der Indifferenz, der Feindseligkeit gegen alles Religiöse in einem Maße, das seine Wirksamkeit beinahe strangulierte. Waren Gottesdienste mehr als gutgläubige Selbsttäuschungen? Diese Frage konnte nicht aus dem Herzen verdrängt werden. Wenn der Prediger über Gott sprach, wendete er sich an so manchen Synagogenbesucher, der überzeugt war, dass Gott nicht existierte. Wie lange konnte die Beharrungskraft der Tradition einer solchen gefühlstötenden Atmosphäre widerstehen?
Eine solche Haltung und ausgesprochen negative Einstellung kann nur einen lähmenden, wenn nicht tötenden Einfluss auf religiöse Erziehung ausüben. Das Höchste, was ein Lehrer der Religion erwarten konnte, war, dass ein Wunder geschah und der Schüler ein dem Judentum zugewandtes Herz besaß, das darauf wartete, von einem Führer erschlossen zu werden. Gegen die Gleichgültigkeit jedoch war im Allgemeinen nichts vorhanden, was man wirklich als religiösen Einfluss bezeichnen konnte. […]
Die Idee der Jugendgemeinde schlug ein. Kinder und Jugendliche waren begeistert. Wir schufen einen Samstagnachmittag-Gottesdienst. […] Besonders Kinder, die aus religiösen Familien kamen, und unter ihnen waren viele ostjüdische Familien, fühlten sich in dieser Jugendgemeinde zu Hause. Plötzlich waren Kinder und Jugendliche religiös organisiert. Das einzelne Kind konnte vielleicht in religiöser Beziehung vernachlässigt werden, nicht aber die Jugendgemeinde. […]
Das Wichtigste, das diese Jugendgemeinde bewirkte, war die Anerkennung der Tatsache, dass jüdische Jugend als Totalität religiöse Ansprüche haben konnte. Die Eltern merkten, dass sie ihre religiöse Verpflichtung nicht einfach vernachlässigen konnten, ohne irgendwie zu fühlen, dass sie der ganzen jüdischen Jugend unrecht taten. Es war wichtig, nicht nur eine Jugendorganisation zu schaffen, die ihre Rechte von der Gemeindeverwaltung verlangen konnte, sondern

Inneres der Remuh-Synagoge in Krakau, Polen. Foto: Geilert/GAFF/laif.

eine jüdische Jugendorganisation, die die jüdische Religion in den Mittelpunkt stellte. [...]
In der jüdischen Gemeinde Hannover gab es eine Menge Familien, die aus Polen, Russland und anderen osteuropäischen Ländern kamen. Ich würde ihre Zahl ungefähr auf 1700 Seelen schätzen. Viele hatten sich schon vor Jahrzehnten in Hannover niedergelassen, ihre Kinder wurden in Hannover geboren und erhielten ihre Erziehung an deutschen Schulen. [...] Die meisten ostjüdischen Familien in Hannover waren orthodox. Ihre Geschäfte blieben am Sabbat geschlossen. Am Freitag hängten sie eine Notiz an die Ladentür, die etwa besagte: »Dieses Geschäft wird am Freitagnachmittag um drei Uhr geschlossen und wird am Samstag um sechs wieder geöffnet.« Ich glaube nicht, dass die Geschäfte durch diese Praxis Einbußen erlitten, sondern ich habe oft bemerkt, dass Christen großes Vertrauen in jüdische Geschäftsleute setzten, die ihre Religion wirklich ernst nahmen. Die ostjüdischen Familien hatten sich drei so genannte »Stübel« geschaffen, das sind Gebetsräume, in welchen ihre besonderen religiösen Bräuche berücksichtigt werden. Im ersten Stübel versammelten sich die jüdischen Familien aus Litauen, im zweiten die aus Polen und im dritten die Galizier. Diese Trennung ist unschwer zu verstehen, wenn man bedenkt, dass in den Gebeten die kleinen Unterschiede der Aussprache, der Vortragsweise und der Melodien eine wichtige Rolle spielen. Wenn bekannte Melodien auftauchen, dann summt die ganze Gemeinde mit dem Vorbeter mit. Wahrscheinlich wurde auch die jiddische Sprache in der Unterhaltung benutzt. Diese drei Stübel hatten eines ihrer Mitglieder, Raphael Balsam, zum Rabbiner ernannt, dessen Aufgabe besonders die Entscheidung über Kaschrut des Geflügels war. Prinzipiell jedoch fühlten sich die jüdischen Familien ostjüdischen Ursprunges in Hannover als Mitglieder der Synagogengemeinde. Das erklärt sich einerseits daraus, dass es ein Gesetz gab, nach dem jeder, der sich als zur jüdischen Religion gehörend bezeichnete, zur jüdischen Gemeinde der betreffenden Stadt gehören musste und Gemeindesteuer zu zahlen hatte; andererseits war es das Bestreben der Ostjuden, sich der allgemeinen deutsch-jüdischen Gemeinschaft anzuschließen. Erschwerend war der Umstand, dass die deutsche Staatsangehörigkeit als notwendig betrachtet wurde, um ein vollständiges, gleichberechtigtes Gemeindemitglied zu werden. Nur wenige der ostjüdischen Familien waren bereit oder fähig, die Kosten der Einbürgerung zu tragen. Die Folge war, dass die meisten nicht Vollmitglieder werden konnten. Im Gottesdienst waren immer viele ostjüdische Familien anwesend, da sie den Sabbat streng einhielten.

Emil Schorsch, in: Michael Wolffsohn, Uwe Puschner, Geschichte der Juden in Deutschland. Bayerischer Schulbuch-Verlag, München 1992, S. 247f.

11 Christentum: Religion in einer pluralisierten und globalisierten Welt

■ *Am 19. Januar 2004 führten der Philosoph Jürgen Habermas und Joseph Kardinal Ratzinger, der spätere Papst Benedikt XVI., in München ein viel beachtetes Gespräch über das Verhältnis von Religion und Gesellschaft in der Gegenwart. Der Dialog war deshalb so bedeutsam, weil die Ausgangspositionen der beiden Gesprächspartner höchst unterschiedlich waren. Habermas, der sich selbst als »religiös unmusikalisch« bezeichnet, verbindet in seiner Philosophie Denkansätze der so genannten Kritischen Theorie mit dem Anspruch, den Freiheitsgedanken der europäischen Aufklärung unter den Bedingungen der Gegenwart weiterzuführen. Ratzinger hat als Leiter der Glaubenskongregation in Rom mehrfach liberale Strömungen und Tendenzen in der katholischen Kirche einer harten Kritik unterzogen.*

Jürgen Habermas:
Wie gläubige und säkulare Bürger miteinander umgehen sollten

Auf der einen Seite ist das religiöse Bewusstsein zu Anpassungsprozessen genötigt worden. Jede Religion ist ursprünglich »Weltbild« oder »comprehensive doctrine« auch in dem Sinne, dass sie die Autorität beansprucht, eine Lebensform im Ganzen zu strukturieren. Diesen Anspruch auf Interpretationsmonopol und umfassende Lebensgestaltung musste die Religion unter Bedingungen der Säkularisierung des Wissens, der Neutralisierung der Staatsgewalt und der verallgemeinerten Religionsfreiheit aufgeben. Mit der funktionalen Ausdifferenzierung gesellschaftlicher Teilsysteme trennt sich auch das Leben der religiösen Gemeinde von ihren sozialen Umgebungen. Die Rolle des Gemeindemitglieds differenziert sich von der des Gesellschaftsbürgers. Und da der liberale Staat auf eine politische Integration der Bürger, die über einen bloßen *modus vivendi* hinausgeht, angewiesen ist, darf sich diese Differenzierung der Mitgliedschaften nicht in einer kognitiv anspruchslosen Anpassung des religiösen Ethos an auferlegte Gesetze der *säkularen* Gesellschaft erschöpfen. Vielmehr müssen die universalistische Rechtsordnung und die egalitäre Gesellschaftsmoral von innen her so an das Gemeindeethos angeschlossen werden, dass eins aus dem anderen konsistent hervorgeht. Für diese »Einbettung« hat John Rawls das Bild eines Moduls gewählt: Dieses Modul der weltlichen Gerechtigkeit soll, obgleich es mithilfe weltanschaulich neutraler Gründe konstruiert worden ist, in die jeweils orthodoxen Begründungszusammenhänge hineinpassen. Die normative Erwartung, mit der der liberale Staat die religiösen Gemeinden konfrontiert, trifft sich mit deren eigenen Interessen insofern, als sich diesen damit die Möglichkeit eröffnet, über die politische Öffentlichkeit einen eigenen Einfluss auf die Gesellschaft im Ganzen auszuüben. [...] Das Toleranzverständnis von liberal verfassten pluralistischen Gesellschaften mutet nicht nur den Gläubigen im Umgang mit Ungläubigen und Andersgläubigen die Einsicht zu, dass sie vernünftigerweise mit dem Fortbestehen eines Dissenses zu rechnen haben. Auf der anderen Seite wird dieselbe Einsicht im Rahmen einer liberalen politischen Kultur auch Ungläubigen im Umgang mit Gläubigen zugemutet.

Jürgen Habermas/Joseph Ratzinger, Dialektik der Säkularisierung. Herder Verlag, Freiburg 2005, S. 34–36.

Joseph Kardinal Ratzinger:
Die gegenwärtige Uneinheitlichkeit der kulturellen Räume und die Religion

Vor allem ist wichtig, dass es innerhalb der kulturellen Räume keine Einheitlichkeit mehr gibt, sondern dass alle kulturellen Räume durch tiefgreifende Spannungen innerhalb ihrer eigenen kulturellen Tradition geprägt sind. Im Westen ist das ganz offenkundig. Auch wenn die säkulare Kultur einer strengen Rationalität, von der uns Jürgen Habermas ein eindrucksvolles Bild gegeben hat, weithin dominant ist und sich als das Verbindende versteht, ist das christliche Verständnis der Wirklichkeit nach wie vor eine wirksame Kraft. Beide Pole stehen in unterschiedlicher Nähe oder Spannung, in gegenseitiger Lernbereitschaft oder in mehr oder weniger entschiedener Abweisung zueinander. Auch der islamische Kulturraum ist von ähnlichen Spannungen geprägt; vom fanatischen Absolutismus eines Bin Laden bis zu den Haltungen, die einer toleranten Rationalität offen stehen, reicht ein weiter Bogen. Der dritte große Kulturraum, die indische Kultur, oder besser die Kulturräume des Hinduismus und des Buddhismus, sind wiederum von ähnlichen Spannungen geprägt, auch wenn sie, jedenfalls für unseren Blick, weniger dramatisch hervortreten. Auch diese Kulturen sehen sich sowohl dem Anspruch der westlichen Rationalität wie den Anfragen des christlichen Glaubens ausgesetzt, die darin präsent sind. [...]
Was folgt aus alledem? Zunächst einmal, so scheint mir, die faktische Nichtuniversalität der beiden großen Kulturen des Westens, der Kultur des christlichen Glaubens wie derjenigen der säkularen Rationalität, so sehr beide in der ganzen Welt und in allen Kulturen auf je ihre Weise mitprägend sind. Insofern scheint mir die Frage des Teheraner Kollegen, die Jürgen Habermas erwähnt hat, doch von einigem Gewicht zu sein, ob nicht aus kulturvergleichender und religionssoziologischer Fragestellung die europäische Säkularisierung ein Sonderweg sei, der einer Korrektur bedürfe.

Jürgen Habermas/Joseph Ratzinger, Dialektik der Säkularisierung. Herder Verlag, Freiburg 2005, S. 53–55.

Innenraum der Kirche der Herrnhuter Brüdergemeine. Die Herrnhuter Brüdergemeine oder »Brüderunität« wurde im Jahr 1722 von Nikolaus Ludwig Graf von Zinzendorf ins Leben gerufen. Die Gemeinschaft hat sich durch Missionstätigkeit rasch auch in Amerika, Afrika und Asien verbreitet. Heute zählen sich weltweit rund 762.000 Menschen zur Brüdergemeine. Diese versteht sich als Freikirche. Die Zurückweisung steiler Hierarchien in der Kirche, die hohe Bedeutung der Laien für das Leben der Gemeinden zeigt sich u.a. auch in der schlichten Gestaltung des Kirchenraumes. Nach Zinzendorf ist nämlich die Gemeinde selbst der einzig legitime Schmuck eines christlichen Versammlungsraumes. Foto: epd-Bild/Schnorrde.

Stimmen zum Papstamt

Römisch-katholisch: Benedikt XVI. über das Papsttum in der Geschichte

Ich glaube, es war Voltaire, der gesagt hat, jetzt ist die Zeit, wo dieser Dalai Lama Europas endlich verschwindet und die Menschheit davon befreit wird. Aber siehe da, es ist weitergegangen. Das ist also etwas, was uns spüren lässt: Es kommt nicht aus der Tüchtigkeit dieser Menschen, sondern hier steht eine andere Kraft dahinter.

Joseph Ratzinger: Benedikt XVI., Gott und die Welt, Knaur Verlag, München 2005, S. 408–409.

Evangelisch: Karl Barth

Der evangelische Theologe Karl Barth (1886–1968) besuchte kurz nach Abschluss des Zweiten Vatikanischen Konzils den Vatikan. Auf dem Konzil, das von Papst Paul VI. feierlich abgeschlossen wurde, waren die nichtkatholischen Kirchen immer wieder als »getrennte Brüder« bezeichnet worden. Barth versah ein Buchgeschenk an den Papst mit folgender Widmung: »Im gemeinsamen Dienst des einen Herren widmet dies Buch dem Bischof Paul VI., dem niedrigsten Diener Gottes, der getrennte Bruder Karl Barth.«

Eberhard Busch, Karl Barths Lebenslauf, Edition Chr. Kaiser im Gütersloher Verlagshaus, Gütersloh 1976, S. 502.

12 Islam

Samir Mourad: Islamischer Staat und Toleranz

■ *Muslime in Deutschland haben im Rahmen von gesellschaftlichen Debatten um das Verhältnis von Offenheit und innerer Verbindlichkeit islamischen Lebens immer wieder auch ihr Verständnis von Toleranz in einem Staatswesen erläutert.*
In einer Vortragsreihe über muslimisches Leben und muslimisches Selbstverständnis in der Bundesrepublik entfaltete Samir Mourad im Jahr 2004 seine Interpretation des Toleranzbegriffes im Islam. Er verbindet in seiner Betrachtung islamischer Gesellschaften historische Beschreibungen mit aktuellen Perspektiven. Mourad, der von Haus aus Ingenieur ist, arbeitet als Vorstand der kleinen »Europäischen Gesellschaft für Konfliktforschung und Dialog der Kulturen« an etlichen Projekten, die sich unter anderem mit den Problemen des Zusammenlebens von Menschen mit unterschiedlichen Religionen befassen.

Die Toleranz, die man gegenüber einem Andersdenkenden haben kann, hat verschiedene Stufen.

- Die unterste Stufe der Toleranz besteht darin, dem anderen die Freiheit zu geben, seine eigene Religion bzw. Überzeugung zu haben, ohne ihm jedoch die Möglichkeit zu geben, seine religiösen Pflichten zu erfüllen bzw. Dinge zu vermeiden, die für ihn ein religiöses Verbot darstellen. Das heißt also, dass man niemanden zwangsbekehrt in dem Sinne, dass, wenn er sich dagegen stellen würde, er zu Folter, zum Tode oder Ähnlichem verurteilt würde, wie das z. B. die spanischen Eroberer Andalusiens taten, welche den dort ansässigen Muslimen und Juden nur die Wahl ließen, Christen zu werden, getötet zu werden oder zu fliehen.
- Eine nächste Toleranzstufe ist die, dass man dem Andersdenkenden die Gedanken- bzw. Religionsfreiheit zugesteht und ihm zusätzlich die Möglichkeit gibt, seine religiösen Pflichten zu erfüllen und sich von Verboten seiner Religion fernzuhalten. Ein Beispiel hierfür wäre, dass man einem Christen die Möglichkeit gibt, sonntags in die Kirche zu gehen, und dem Juden am Samstag, der für ihn den Sabbat darstellt, keine Arbeit auferlegt. Bei dieser Toleranzstufe müsste also ein nichtjüdischer Arbeitgeber seinen jüdischen Arbeitnehmer für den Samstag freistellen, ohne dass dem jüdischen Arbeitnehmer irgendwelche Konsequenzen, wie z. B. Entlassung, drohen würden.
- Die nächste Toleranzstufe besteht darin, dass man dem Andersdenkenden das zugesteht, was nach seiner Anschauung bzw. Religion erlaubt ist, obwohl es für einen selbst verboten ist. Ein Beispiel hierfür wäre, wenn man in einem von Muslimen beherrschten Land einem Christen zugesteht, Alkohol zu trinken bzw. Schweinefleisch zu essen. Für einen Christen ist es ja keineswegs eine Pflicht, im alltäglichen Leben Alkohol zu trinken bzw. Schweinefleisch zu essen. Als derjenige, der die Macht in der Hand hält, ist man jedoch trotzdem so tolerant, dem anderen hier völlige Freiheit zu gewähren, obwohl es für einen Christen eigentlich kein großes Problem wäre, auf diese Dinge zu verzichten. Entsprechend würde diese Toleranzstufe bedeuten, dass z. B. ein Muslim in einem westlich-demokratisch orientierten Land mehrere Frauen heiraten dürfte.

Im Folgenden wollen wir an diesen Kriterien messen, wie tolerant ein islamischer Staat bzw. die islamische Gesellschaft ist.

Auf welcher Toleranzstufe steht die islamische Gesellschaft bzw. der islamische Staat?
Was die unterste Toleranzstufe angeht, so erfüllt der islamische Staat deren Kriterien, da jeder seine Religion bzw. Geisteshaltung behalten darf gemäß der quranischen Anweisung [Quran = Koran]: »*Es gibt keinen Zwang in der Religion*« (2,256). Ein Christ, Jude, Hindu, Buddhist, Atheist oder Anhänger irgend einer anderen Religion wird also nicht gezwungen, den Islam anzunehmen.
Auch erfüllt die islamische Gesellschaft die Kriterien der zweiten Stufe. Z. B. wird jedem Christen gewährt, seinen Gottesdienst am Sonntag in der Kirche abzuhalten, und ein Jude wird nicht unter Druck gesetzt, wenn er am Samstag nicht arbeiten will.
Vielmehr steht die islamische Gesellschaft bzw. der islamische Staat auf der dritten und höchsten der oben genannten Toleranzstufen.
Im islamischen Kalifat der Vergangenheit durften die Nichtmuslime all das tun, was gemäß ihrer eigenen Religion erlaubt war. Beschränkungen hierin, wie z. B. das Zinsverbot, wurden bereits erwähnt. Die islamische Gesellschaft gab den Nichtmuslimen diese Freiheiten, obwohl sie diese Dinge ja eigentlich hätte unterbinden können, ohne dass der Vorwurf der Unterdrückung oder der Intoleranz laut geworden wäre. So ist es z. B. einem Zoroastrier (arab.: Madschus; Anhänger der altpersischen Zarathustra-Religion) erlaubt, seine Mutter oder Schwester zu heiraten. Er könnte aber ebenso eine andere Frau heiraten, ohne dass er irgendwelche religiösen Probleme bekommen würde. Ebenso könnte ein Christ ohne das Essen von Schweinefleisch ganz gut leben. Ebenso verhält es sich mit dem Alkohol.
Wenn also der Islam zu den nichtmuslimischen Staatsbürgern des islamischen Staats (arab.: Dhimmis) gesagt hätte: »Ihr dürft keine nahen Verwandten wie Mutter oder Schwester heiraten, keinen Alkohol trinken und kein Schweinefleisch essen, damit ihr nicht die Gefühle eurer muslimischen Brüder und Schwestern verletzt«, so müssten sie damit keine religiösen Probleme haben.
Trotzdem hat der Islam dies nicht gesagt und er will nicht, dass sich die Nichtmuslime in dem einschränken, was ihrer Religion gemäß erlaubt ist. Vielmehr sagt der Islam zu den Muslimen: »Lasst die Nichtmuslime bezüglich ihrer Lebensweise in Ruhe!« (Y. al Qaradawi, Die Prioritäten der islamischen Bewegung in der kommenden Periode, 1992).
Zusammengefasst lässt sich sagen, dass der Islam auf der höchsten der oben genannten Toleranzstufen steht und dass

Das Innere der Fatih Moschee in Wülfrath. Foto: dpa.

es im islamischen Staat bzw. in der islamischen Gesellschaft nicht um eine Integration im Sinne einer Anpassung der Minderheit an die Mehrheit geht. Vielmehr geht es im islamischen Staat um ein friedliches Zusammenleben verschiedener Kulturen und Religionen, also in diesem Sinne um eine echte multikulturelle Gesellschaft. Der Islam ist dabei die Schutzmacht, weil der Islam die einzige Religion ist, die die Freiheit Andersgläubiger gewährleistet. Die Nichtmuslime genießen also im islamischen Staat in einem hohen Grad Rechtsautonomie.

In den muslimischen Ländern entfernten sich indes im Laufe der folgenden Jahrhunderte die Menschen und deren Regierungen im Allgemeinen immer mehr vom richtigen Verständnis und der richtigen Umsetzung des Islam, was schließlich zum Untergang des nach islamischem Recht geführten Kalifats zu Anfang des 20. Jahrhunderts führte. Und an Stelle der Freiheit und wissenschaftlichen Hochkultur des weitgehend nach islamischen Prinzipien geführten Mittelalters der muslimischen Länder trat die Unterdrückung und Rückständigkeit der modernen muslimischen Welt, wo außer im privaten Bereich bis auf wenige Ausnahmen kaum noch nach islamischen Prinzipien gehandelt wird. Diesem Verfall steuert heute die islamische Bewegung in den muslimischen Ländern entgegen, welche für eine Rückkehr zu den islamischen Prinzipien eintritt – eine Rückkehr zu islamischen Prinzipien, die im muslimischen Mittelalter umgesetzt wurden – nicht eine Rückkehr zu einem dunklen, von einer Kirche dominierten Mittelalter. Eine Kirche gibt es im Islam nicht.

Samir Mourad, Muslime im Westen – die rechtlichen Grundsätze des Islam, in: Hans Bernhard Petermann (Hg.), Islam. Erbe und Herausforderung. Mattes, Heidelberg 2004, S. 195–197.

13 Buddhismus

Gerald Roscoe: Mönchtum in Thailand

■ *Das Mönchswesen bedeutet auch in unterschiedlichen buddhistisch geprägten Ländern und Gesellschaften einen relativ konstanten Faktor für die Gestalt des religiösen Lebens. Sangha (Sanskrit: Versammlung, Gemeinschaft) zählt neben dem Buddha und dem Dharma (Verhalten, Praxis, vgl. S. 5) zu den so genannten »Drei Perlen« einer rechten Ausübung des Buddhismus. Ein besonderes Charakteristikum ist dabei, dass die mönchischen Gemeinschaften intensive Kontakte mit den Laien in ihrer Umgebung pflegen. Bisweilen wird diese Tatsache sogar als Unterscheidungsmerkmal zwischen buddhistischem und christlichem Mönchtum genannt. Der amerikanische Journalist Gerald Roscoe (1921–1995), der lange in Thailand lebte und selbst Buddhist wurde, schildert eine besondere Variante buddhistischen Klosterlebens: das Mönchtum auf Zeit.*

Der buddhistische Mönch ist nicht verpflichtet, ein Gelübde auf Lebenszeit abzulegen; daher gibt es sowohl Mönche, die die Robe nur für kurze Zeit tragen – für ein paar Wochen, für ein paar Monate, sogar nur für ein paar Tage –, als auch Mönche für viele Jahre oder auf Lebenszeit.

In den Ländern des so genannten Theravada-Buddhismus, wie z. B. in Thailand, das ich am besten kenne, wird ein Mann für »unfertig« gehalten, solange er nicht Mönch mindestens auf kurze Zeit gewesen ist. Deshalb werden die meisten jungen Männer vor der Hochzeit für eine kurze Periode von drei Monaten ordiniert. […]

Eines der Motive für eine kurzfristige Ordination ist »Verdienst zu erwerben für die Eltern« – dies ist ein starkes Motiv. Ein anderes Motiv ist es, sich auf das Leben als Haushaltsvorstand und Familienoberhaupt vorzubereiten.

Der Mönch auf kurze Zeit lebt, während er die Robe trägt, unter den gleichen Bedingungen und mit der gleichen Disziplin wie der Mönch auf lange Zeit. Jeden Morgen verlässt er den Tempelbezirk, um in der Nachbarschaft mit der Almosenschale die Runde zu machen. Die Ortsbewohner füllen ihm Essen in seine Schale, daraus besteht seine Ernährung. Er isst zwei Mahlzeiten am Tag, manche nehmen auch nur eine Mahlzeit. Die Mittagsmahlzeit ist die letzte Mahlzeit des Tages, danach darf er nur noch Flüssigkeit zu sich nehmen. Er meditiert, singt religiöse Gesänge, studiert das *Dhamma* [= Dharma; die buddhistische Lehre, vgl. S. 5) und befolgt alle Mönchsregeln. Doch sollte man wissen: Er ist ein Laie, der die Mönchsrobe nur für kurze Zeit trägt; kein Mönch, der dem weltlichen Leben für immer entsagt hat. (Ein Mönch darf die Robe mit Erlaubnis seines Abtes ablegen, wann immer er es wünscht. Die Erlaubnis dazu wird nie verweigert und ist leicht erhältlich.)

Im Folgenden interessiert uns nun der Mönch, der allem entsagt hat, der Mönch auf Lebenszeit. Unter diesen Mönchen gibt es zwei Kategorien: zum einen die Mönche, die im Tempelbezirk in einer Mönchsgemeinde leben, zum anderen die Mönche, die als Eremiten, »Waldmönche«, einsam in den Wäldern leben, weitab von der Mönchsgemeinde oder der weltlichen Gesellschaft. Sowohl die Mönche im Tempelbezirk als auch die Eremiten weihen sich der Erleuchtung, dem Erreichen von *Nirvana*. Für den Eremiten bedeutet das praktisch den Ausschluss aller anderen Aktivitäten; der Tempelmönch widmet sich gelegentlich den Angelegenheiten der weltlichen Gemeinde, z. B. den buddhistischen Feiertagen, aber auch Grundstückseinweihungen, der Einsegnung eines neuen Heims oder eines Geschäftes, der Teilnahme an Bestattungs- und Einäscherungszeremonien und so weiter. Einen großen Teil ihrer Zeit widmen die Tempelmönche der Unterweisung der Novizen und der Kurzzeit-Mönche. Auch Laien, Männer und Frauen, werden einzeln oder in herkömmlichen Gruppen von Tempelmönchen unterrichtet. Der Mönch auf Lebenszeit ist ein Mann von Charakter und von außerordentlicher Tugend. Er hat sich von Familie und Karriere, von allen weltlichen Angelegenheiten, vom Trachten nach Geld, von jeglichem geldlichen Besitz losgesagt. Er ist keusch, er ist arm, er besitzt nur wenig: seine Mönchsrobe, seine Almosenschale, Nadel und Faden, seinen Wasserfilter. Er ist ein Bettler, fast vollständig angewiesen auf die Wohltätigkeit der Laiengemeinde, der es eine besondere Ehre ist, Mönchen Almosen zu geben. Für die Laien ist es eine bevorzugte Gelegenheit, Verdienst zu erwerben.

Gerald Roscoe, Das gute Leben. Ein Wegweiser zum Buddhismus für den Westen. Diogenes Verlag, Zürich 2005, S. 71–74.

Buddhisten können bereits als Kinder ins Kloster eintreten. Diesem Novizen werden entsprechend den Mönchsregeln die Haare kahl geschoren.
Foto: Magnum/Focus.

D Opfer – Vergebung – Ethik

Ein gemeinsames Element von religiösem Opfer und religiösem Ethos ist die Begründung, Gestaltung und Erneuerung von Beziehungen auf Gegenseitigkeit. Das auch für ethische Begründungszusammenhänge hochbedeutsame Prinzip des »Do ut des« (Ich gebe, damit du gibst) wurde in der Religionswissenschaft immer wieder als ein Grundcharakteristikum des Opfers beschrieben. Dabei inszeniert das Töten für die Gottheit eine religiös prägende und geprägte Grenzerfahrung: Leben wird in Tod transformiert; erhofft wird der Vollzug oder die Gabe eines umgekehrten Vorgangs (z. B. Tod zu Leben; Schuld zu Unschuld) aus der göttlichen Sphäre heraus. Beim religiösen Opfer können dabei zusätzlich noch ganz unterschiedliche Dimensionen in den Vordergrund treten. Religiöse Opfer können von den Menschen als Entsühnung für Schuld und Sünde, als Beschwichtigung einer erzürnten Gottheit, als Läuterung oder – in Form eines rituellen Mahles – als Vereinigung mit der Gottheit und untereinander angesehen werden. Das Opfer kann – zum Beispiel im Hinduismus – sogar als Garant für den Bestand der kosmischen Ordnung fungieren. Die Frage aber, ob und wie das Opfer für Gott oder die Götter und das ethisch gute Handeln gegenüber den Menschen miteinander in Verbindung stehen, wird in den verschiedenen Religionen und auch innerhalb einzelner religiöser Traditionen durchaus unterschiedlich beantwortet.

14 Ethnische Religionen

Astrid Reuter: Dem *lwa* opfern (Voodoo-Religion)

■ *Astrid Reuter ist Religionswissenschaftlerin und Ethnologin und beschäftigt sich mit der Geschichte der afro-amerikanischen Religionen.*

Der Begriff Voodoo bedeutet eigentlich »Gottheit« oder »Geist«, bürgerte sich aber seit dem 18. Jahrhundert auch als Bezeichnung für die ländliche und städtische Volksreligion Haitis ein; ihre Anhänger rekrutierten sich vornehmlich aus den afrikanischen Sklaven in Amerika. Diese Religion verbindet dabei Elemente der traditionellen afrikanischen Religion und Magie mit Bestandteilen des durch die französische Kolonialisierung ins Land gekommenen Katholizismus. Voodoo gilt inzwischen auch als nicht ganz korrekter Sammelbegriff für Volksreligionen in Kuba (Santeria) und Brasilien (Candomble). In der Voodoo-Religion ist ein gutes Wirken der *lwa* (Geister oder Götter) in ganz bestimmter Weise an Tieropfer gebunden.

Traditionell wird für jeden *lwa* [Geist oder Gott] einmal im Jahr ein großes öffentliches Fest ausgerichtet, das auch als sein »Geburtstagsfest« bezeichnet wird. Vielfach findet es am Gedenktag desjenigen katholischen Heiligen statt, mit dem der *lwa* im afrokatholischen Synkretismus assoziiert wird. In den Tagen, die dem Ereignis vorangehen, herrscht im Voodoo-Zentrum reges Treiben: Die Speisen für die Götter und die Opfertiere müssen vorbereitet und der Festraum muss geschmückt werden; die für die Zeremonie benötigten Gegenstände (Kleider und Insignien der *lwa,* Opferwerkzeuge, Trommeln usw.) müssen zurechtgelegt und vorbereitenden rituellen Prozeduren (etwa symbolischen Waschungen) unterzogen werden; auch müssen die *ounsi* [Anhänger] ihre eigene, traditionell weiße Kleidung für das Ereignis bereithalten und sich, abhängig von ihrer Aufgabe bei der bevorstehenden Zeremonie, bestimmten Reinigungsriten unterziehen. Schließlich sind die Speisen und Getränke für die Gäste vorzubereiten.

Die Tieropferungen finden vor Beginn des öffentlichen Festaktes statt. Die Wahl des Opfertieres (Hühner, Ziegen, Stiere und Schweine) sowie die Opfertechnik ist abhängig von dem *lwa,* der angesprochen und mit dem Opfer »ernährt« werden soll. Das sorgsam ausgewählte, wohlgenährte Tier wird vorab mit speziellen Aufgüssen gewaschen, geschmückt und teilweise mit rituellen Zeichnungen markiert. Vor der eigentlichen Opferhandlung wird es »orientiert«, das heißt je einmal in alle vier Himmelsrichtungen emporgehoben; auf dieselbe Weise verfährt man mit sämtlichen Gaben an die *lwa* sowie mit allen anderen Gegenständen, die im Laufe einer Voodoo-Zeremonie zum Einsatz kommen. Bei der rituellen Schlachtung wird das Blut des Tieres, das in besonderer Weise Träger spiritueller Energie ist, aufgefangen und – teilweise mit weiteren Beigaben vermischt – in kleinen Mengen getrunken oder für weitere Zeremonien aufbewahrt; außerdem werden die anwesenden *ounsi* mit dem Blut des Opfertieres »markiert«, indem man ihnen etwa mit einigen Tropfen Zeichen auf die Stirn malt.

Die öffentliche Zeremonie, die gewöhnlich nach Einbruch der Dunkelheit beginnt, setzt mit katholischen Heiligenlitaneien, Gebeten und Kirchenliedern ein, bei deren Rezitation die *manbo [leitende Priesterin]* oder der *oungan [leitender Priester]* von dem *prètsavann,* dem »Buschpriester«, der die Rolle eines katholischen Geistlichen spielt, unterstützt wird. Es folgen Lieder in einem Gemisch aus Kreolisch und *langay,* der im *Voodoo* verwendeten Sakralsprache, die aus afrikanischen und kreolischen Fragmenten besteht.

Ein Vodoo-Priester opfert einen Ziegenbock. Foto: Ekkehard Rudolph.

Diese zuletzt genannten Lieder, die der *oungan* oder die *manbo* mit einem verhaltenen Schütteln der *ason,* der heiligen Rassel, begleitet, unterscheiden sich in Rhythmus und Klangfarbe deutlich von den kirchenüblichen Gesängen der Eingangssequenz. Auch nimmt das Tempo der rituellen Kommunikation dabei zu und kündigt so bereits den sich anschließenden afrikanisch geprägten Teil des Rituals an. Dessen Beginn können auch Außenstehende daran erkennen, dass jetzt, vom Händeklatschen der *ounsi* begleitet, die Trommeln einsetzen, deren Polyrhythmik und Lautstärke die Dynamik augenblicklich steigern und die Gesänge sowie das Rasseln der *ason* allmählich übertönen. In strenger ritueller Abfolge, bei der *Legba* als der Hüter der Türen und Tore stets den ersten Platz einnimmt, werden nun die *lwa* mit speziellen Liedern einzeln angerufen. Währenddessen bringen die *manbo* beziehungsweise der *oungan* oder die *ounsi* den *lwa* so genannte Trankopfer dar: Sie gießen kleine Mengen Rum *(kleren),* Wasser oder Sirup auf den Boden vor den geweihten Objekten der *lwa. […]*

Nun nehmen die öffentlichen Zeremonien – so sehr sie auch im Vordergrund der meisten Berichte über den *Voodoo* stehen – im religiösen Leben der *ounsi* nur einen begrenzten Raum ein. Für sie ist der gesamte Alltag von der Macht der *lwa* durchdrungen. Kein Problem ist zu klein, um den Göttern und Geistern Afrikas vorgetragen zu werden: Seien es Liebesschmerz oder Geldsorgen, die schulischen Schwierigkeiten der Kinder, Konflikte in der Familie oder im Beruf, vor allem aber gesundheitliche Notlagen – eine *manbo* oder ein *oungan* wird stets bereit sein, die *lwa* um Rat und Unterstützung zu bitten. Die Rolle der *manbo* und des *oungan* ist daher weniger mit der des Priesters oder Pastors in den christlichen Kirchen zu vergleichen. *Manbo* und *oungan* widmen sich in erster Linie der praktischen »Lebenshilfe«, sie sind eher »Heiler« als Priester und die *Voodoo*-Tempel eher »Beratungsstellen« als Betstätten. Viele *manbo* oder *oungan* bieten regelrechte »Sprechstunden« an, während der sie die *lwa* zu den Problemen, die ihnen vorgetragen werden, befragen. Dahinter steht die Vorstellung, dass Krankheiten, aber auch alle anderen Arten von Notlagen und Widrigkeiten, Folgen gestörter Beziehungen im spirituellen Bereich sind: Sie gehen auf vernachlässigte Geister oder Vorfahren oder auf bösartige, eifersüchtige oder zornige Menschen zurück. Zugleich geht man davon aus, dass die Ursachen und die verantwortlichen spirituellen Kräfte identifiziert und zugunsten der Betroffenen beeinflusst werden können.

Astrid Reuter, Voodoo und andere afroamerikanische Religionen, C.H. Beck Verlag, München 2003, S. 48–51.

15 Buddhismus: Opferkritik und Opferhandlung

Bekenntnis der Neobuddhisten Indiens: Opferkritik

■ *Innerhalb des Buddhismus ist einerseits eine deutliche Abwendung vom religiösen Opfer zu konstatieren. Schon die für Laien und Mönche gleichermaßen verbindliche Sammlung von fünf elementaren Verboten (pancasila) nennt neben dem Stehlen, der Unzucht, dem Lügen und der Einnahme von Rauschmitteln an erster Stelle das Töten; Tieropfer waren somit von vornherein ausgeschlossen. Aber auch andere Opfertätigkeit wurde von frühester Zeit an bis in die Gegenwart als letztlich unethisches Verhalten abgelehnt. Das kritisierte Gegenüber war dabei immer der Hinduismus, der eine hoch differenzierte Theorie und Praxis des Opfers entwickelt hatte. Ein Beispiel für die Kritik am Opferwesen ist die Verpflichtung der Neobuddhisten Indiens; sie kann als Selbstverpflichtung von ehemaligen Hindus gelesen werden, die zum Buddhismus übergetreten sind. Das Wirken der hinduistischen Opferpriester (Brahmanen) wird dabei kritisch thematisiert und mit Verboten belegt. Nach den ersten fünf Verpflichtungen, die jeden Glauben an hinduistische Gottheiten als falsch zurückweisen, heißt es:*

6. Ich werde niemals Brahmanen Opferspenden geben.
7. Ich werde niemals auf eine Art und Weise handeln, die den buddhistischen Lehren abträglich ist.
8. Ich werde niemals an Brahmanen herantreten, damit diese verschiedene Rituale durchführen.
9. Ich werde die Philosophie vertreten, dass es nur eine Humanität gibt.
10. Ich werde mich bemühen, in der menschlichen Gesellschaft die Gleichheit herzustellen.
11. Ich werde einen feierlichen Eid ablegen, am Edlen Achtfältigen Pfad des Lebens, wie er von Buddha gelehrt wurde, festzuhalten.
12. Ich werde mich bemühen, die zehn Paramitas (Vollkommenheiten) zu befolgen.
13. Ich werde Mitleid mit allen lebenden Wesen haben und danach streben, sie zu beschützen.
14. Ich werde nicht stehlen.
15. Ich werde nicht lügen.
16. Ich werde keinen Alkohol trinken.
17. Ich werde keinen Ehebruch begehen.
18. Ich werde an den Idealen der Weisheit *(panna)*, der Sittlichkeit *(sila)* und des Mitleids *(karuna)* festhalten.
19. Ich schwöre hiermit der Hindu-Religion ab, die die Ungleichheit der menschlichen Wesen lehrt, und nehme den *Dhamma* Dharma sanskrit: »Das was trägt und heilt« = universelles ethisches Gesetz] des Buddha an.
20. Ich glaube fest daran, dass nur der Dharma des Buddha der Saddharma [»die Wahre Lehre«] ist.
21. Ich glaube, dass ich in eine neue Art des Lebens wiedergeboren bin.
22. Ich werde niemals die buddhistischen Grundsätze verletzen.

Bekenntnis der Neobuddhisten Indiens, in: Karl Heinz Golzio (Hg.), Der Kaufmann, der eine bessere Predigt forderte. Lesebuch zum Buddhismus, Patmos Verlag, Düsseldorf 1995, S. 205–206.

Gläubige belegen Buddhastatuen mit Blattgold. Die Statuen sind durch die vielen Goldgaben schon unkenntlich geworden. Foto: Stern Nr. 47 vom 11. November 2004, S. 100.

Thubten Chodron: Der spirituelle Sinn des Opferns

■ *Trotz dieser harten Differenzierung zwischen Hinduismus und Buddhismus bezüglich der Einstellung zum Opfer gibt es im Buddhismus die Sitte, vor Buddhastatuen Gaben niederzulegen. Die in den USA lebende buddhistische Nonne Thubten Chodron interpretiert dies folgendermaßen:*

Wir bringen den Buddhas nicht deshalb Gaben, weil sie sie brauchen. Wer alles Unreine hinter sich gelassen hat und den Segen der Weisheit genießt, braucht sicher keinen Apfel oder Räucherstab zu seinem Glück! Wir bringen die Gaben auch nicht, um die Gunst der Buddhas zu gewinnen. Die Buddhas haben schon lange allumfassende Liebe und Mitgefühl entwickelt und werden nicht wie gewöhnliche Sterbliche durch Schmeichelei und Bestechung gewonnen.
Die Opfergaben helfen uns, positives Potential zu schaffen und unsere guten Eigenschaften zu entwickeln. Gegenwärtig sind Anhaftung und Kleinlichkeit in uns noch allzu stark. Wir neigen dazu, das Größte und Beste für uns selbst zu behalten und nur das Zweitbeste oder das, was wir nicht gebrauchen können, an andere weiterzugeben. Eine solche egozentrische Betrachtungsweise gibt uns ständig das Gefühl, arm und unzufrieden zu sein, wie viel wir auch tatsächlich haben mögen. [...] Mit den Opfergaben ist der Zweck verbunden, diese schändlichen Gefühle der Anhaftung und der Kleinlichkeit zum Schweigen zu bringen. Wenn wir also ein Opfer bringen, bemühen wir uns, dabei kein Bedauern und kein Gefühl des Verlustes zu empfinden. Wasser zu holen kostet zum Beispiel wenig Mühe, und so können wir leicht eine Schüssel Wasser hinstellen, ohne dass Gefühle der Anhaftung und der Knauserigkeit aufkommen. Man sieht sie deshalb oft an einem Schrein. Wenn wir fröhlich geben, gewöhnen wir uns an den Gedanken des Gebens und fühlen uns dadurch reich. Wir teilen gern unsere Freude mit anderen.

Thubten Chodron: Buddhismus, Herder Verlag, Freiburg 2003, S. 171f.

16 Christentum: Abendmahl und Ethik

Hans-Martin Barth:
Das christliche Abendmahl und die Liebe

■ *Der Theologe Hans-Martin Barth verfasste im Jahre 2001 eine vielbeachtete und zum Teil heftig diskutierte Gesamtdarstellung der evangelischen Glaubenslehre. Darin versucht Barth die vertiefte Wahrnehmung christlicher Glaubensinhalte durch einen intensiven Vergleich mit den Traditionen der großen Weltreligionen zu gewinnen. Barth bestimmt in diesem Zusammenhang auch die Besonderheit des christlichen Abendmahls (Eucharistie).*

Von Anfang an wurde […] innerhalb der Christenheit die Verbindung zwischen Abendmahls- und Liebesgemeinschaft gesehen. Die neuere Abendmahlsdiskussion hat die Konsequenzen einer eucharistischen Ethik deutlich thematisiert. So heißt es etwa in der [ökumenischen] Konvergenzerklärung von Lima, die Eucharistie sei »eine ständige Herausforderung bei der Suche nach angemessenen Beziehungen im sozialen, wirtschaftlichen und politischen Leben […] Alle Arten von Ungerechtigkeit, Rassismus, Trennung und Mangel an Freiheit werden radikal herausgefordert, wenn wir miteinander an Leib und Blut Christi teilhaben […] Als Teilnehmer an der Eucharistie erweisen wir uns daher als unwürdig, wenn wir uns nicht aktiv an der ständigen Wiederherstellung der Situation der Welt und [der Verbesserung] der menschlichen Lebensbedingungen beteiligen.« Damit werden freilich Töne angeschlagen, die im Zusammenhang nichtchristlicher Mahlriten nicht in derselben Deutlichkeit zu hören sind.

Die Distanz zwischen christlichem Abendmahl und außerchristlichen Mahlriten

Ein unverwechselbares Profil erhält das christliche Abendmahlsverständnis natürlich durch seinen Bezug zur Christologie. Insofern ist es mit nichtchristlichen Riten ohnehin schlechterdings nicht vergleichbar. Dies zeigt sich in einer vielfachen Hinsicht:

Der Bezug zum archaischen Menschenopfer, der zunächst erschrecken mag, ist durchaus geltend zu machen: Aufgrund des Todes Jesu, sofern man ihn überhaupt als Opfer verstehen will, soll es mit den Opfern nun ein für alle Mal ein Ende haben. Menschen sollen nicht andere Menschen opfern, sie sollen sich auch nicht selbst opfern. Wenn Gott – mythologisch gesprochen – in Jesus Christus sich selbst opfert, dann ist jedes darüber hinaus erbrachte Opfer nicht nur überflüssig, sondern ein Sakrileg. Allerdings werden in Konsequenz dieses Opfers Menschen in die Lage versetzt, abzugeben, zu verzichten und in diesem Sinne sich »aufzuopfern«. Beinahe wäre es der archaischen Gewalt religiöser Opfervorstellungen gelungen, sich des christlichen Abendmahls zu bemächtigen – nämlich in Gestalt der vulgären, spätmittelalterlichen Vorstellung, das Abendmahl bestehe in der unblutigen Wiederholung des Opfers Christi durch den Priester. Auch die Messliturgie nach dem II. Vatikanum hat hier die möglichen Missverständnisse noch nicht eindeutig beseitigt. Im eucharistischen Teil der ostkirchlichen »Göttlichen Liturgie« wird die Opferung des Lammes sogar symbolisch nachgestaltet, ohne dass sich jedoch eine klare Opferungstheorie damit verbände. Die reformatorische Theologie hat immer ihren Protest dagegen erhoben, aus dem Opfer Christi schließlich ein Opfer der Menschen werden zu lassen und das Evangelium auf diese Weise in sein Gegenteil zu verkehren.

Mit der Christologie hängt die spezifische Auffassung des Kommunio-[Gemeinschafts-]Gedankens in der christlichen Abendmahlslehre zusammen. […] Auf die besonderen ethischen Implikationen des christlichen Abendmahlsverständnisses wurde bereits hingewiesen. Doch verbindet sich damit ein weiterer Punkt, der so in den nichtchristlichen Religionen ebenfalls nicht gegeben ist, nämlich das Selbstverständnis derer, die als Gemeinde das Abendmahl Christi feiern. Sie erkennen sich aufgrund dessen, was ihnen im Abendmahl zuteil wird, als »Leib Christi«. Sie sind nicht nur dazu aufgefordert, einander beizustehen und gemeinsam zu helfen, wo Not ist. Sie bilden zusammen eine neue […] Größe, die »Kirche«, nicht unbedingt in einem institutionellen, aber in einem grundsätzlichen […] Sinn.

Hans-Martin Barth: Dogmatik. Evangelischer Glaube im Kontext der Weltreligionen. Ein Lehrbuch. Edition Chr. Kaiser im Gütersloher Verlagshaus, Gütersloh, 2. Aufl. 2002, S. 657–659.

Eine anglikanische Priesterin zelebriert in Bristol die Eucharistie.
Foto: dpa.

17 Religion in der Popularkultur

Michael Nüchtern:
Lady Diana – eine »Heilige« und ein »Opferlamm«

■ *Diana Frances Spencer (1961–1997) war 1981 bis 1996 mit dem britischen Thronfolger Prinz Charles verheiratet. Die ungemeine Popularität von »Lady Di« wurde auch durch die Scheidung ihrer konfliktreichen Ehe kaum getrübt. Prinzessin Diana kam am 31. August 1997 zusammen mit ihrem Lebensgefährten, dem ägyptischen Filmproduzenten und Hotelmagnaten Dodi Al-Fayed bei einem Autounfall in Paris ums Leben.*

Im Fernsehsender VOX (7. März 1998) schilderte ein Obdachloser aus London, wie ihn einmal zwei Kumpane fürchterlich verprügelt hätten. Da habe eine Nobelkarosse angehalten, die Prinzessin von Wales sei ausgestiegen und habe die Angreifer vertrieben und ihn gerettet.
Auch wenn die Geschichte nicht wahr ist, so ist sie doch sinnreich erfunden. Von Not und Rettung der Unschuldigen erzählen die Legenden der Heiligen. Und umgekehrt wird mit Hilfe solcher Geschichten eine Person in den Stand einer »Heiligen« erhoben. In den Heiligen bricht eine andere Welt in die alltägliche Welt ein. Heilige sind: das Ferne so nah und das Andere machtvoll bei uns. Wunder sind für die katholische Kirche darum eines der Merkmale der Heiligen. Eine tiefe Bewegung und eine nie so ganz erklärliche Erschütterung ist die Folge der Begegnung mit Heiligen.
Beides ereignete sich zur Überraschung vieler als Reaktion auf den Unfalltod Dianas. Eine kollektive Trauer schien die Welt zu überschwemmen. Über 2,5 Milliarden Menschen nahmen am Bildschirm an der Trauerfeier in der Westminster Abbey teil. Die in der Trauer erfahrene überwältigende Macht wurde mit der Person Dianas selbst verbunden. Diana wurde »erhoben«: »Nun gehörst du dem Himmel/und die Sterne buchstabieren deinen Namen«, sang Elton John in »Candle in the wind« bei der Trauerfeier. Es ist die bisher erfolgreichste und meistverkaufte CD. […]
Dianas Bruder hat auf dem Anwesen der Familie in Althorp ein Museum eröffnet. Ein sechs Meter hohes Denkmal mit einer Urne wurde auf der kleinen Insel aufgestellt, wo Diana begraben liegt. Am Ufer des Sees ist ein klassizistischer Tempel errichtet mit in Marmor gemeißelten Auszügen aus der Rede Earl Spencers in Westminster. Neben dem Schattenriss Dianas in der Mitte der Tempelfront wird ein auf die Armen der Gesellschaft bezogener Ausspruch Dianas zitiert, der in diesem Heiligtum eine viel grundsätzlichere Bedeutung erhält. »Wer in Not ist, kann auf mich zählen. Ich werde rasch da sein, wo immer Sie sind.« […] Den Erzbischof von York hat der Tempel zu der Bemerkung veranlasst, man solle Diana nicht anbeten. […] Unmittelbar nach Dianas Tod brachte das heute-journal das Bild einer Mutter, die mit ihrem Kind auf dem Arm ihrer Hoffnung Ausdruck gab, dass Diana es auch vom Himmel her behüten möge. Die Lebendigkeit Dianas, die auf unzähligen Regenbogenblättern in den Wochen nach ihrem Tod behauptet wurde, war nicht nur metaphorisch gemeint. Die Astrowoche vom 8. Oktober 1997 verkündete in großen Lettern auf der Titelseite: »Diana spricht mit Ihnen, nehmen Sie Kontakt auf mit der Königin der Herzen.« […]
Schamlos haben Paparazzi das Leben Dianas ausgebeutet. Nach ihrem Tod hat eine moralisch entrüstete Öffentlichkeit dies mit Abscheu gegeißelt. Doch ist nicht auch die Idealisierung Dianas und ihre Erhebung zum Zwecke der Selbstvergewisserung auf dem Weg zum gelingenden Leben eine subtile Form der Ausbeutung? Horst Eberhard Richter interpretiert im ZDF die Trauer meines Erachtens zu schnell als Läuterung der eigenen Paparazzihaftigkeit: »Diese entwürdigende Hetzjagd bis ins Schlafzimmer hinein – daran hat ja ein großer Teil derjenigen teilgenommen, die nun auf der Straße standen mit ihren Kerzen. Ich meine, das ist so etwas wie ein Läuterungsritual. Die Leute haben plötzlich eine Welle von Scham gespürt … Und Diana ist auch so ein Zeichen: Menschen wollen wertgeschätzt werden, wollen andere wertschätzen und wollen selber auch diese Beachtung finden.«
Dianas Heiligsprechung ist vielleicht aber die raffinierteste Weise, wie ein Vampir aus ihrem Leben Gewinn für das eigene Ich saugen kann.

Michael Nüchtern: Die unheilige Sehnsucht nach Religiösem, Quell Verlag, Stuttgart 1998, S. 11–46.

Die Welt weinte. 2,5 Milliarden Menschen verfolgten den Abschied von Prinzessin Diana […] Die britische Sunday Times schrieb gestern: »Sie war das Opferlamm, von dessen Tod sich die Menschheit Besserung versprach.« Wir alle projizierten unsere Wünsche in Diana. Sie hatte alles, wovon die Menschheit träumte. Schönheit, Reichtum, Ruhm. Sie war die Königin unserer Herzen.

Bild-Zeitung vom 8. September 1997, S. 1.

Blumen vor dem Buckingham-Palace nach Lady Dianas Unfalltod. Foto: dpa.

E

Schicksal – Leiden – Freiheit

»Warum leide ich? – Das ist der Fels des Atheismus.« Diese religionskritische Konsequenz formulierte einst der Dichter Georg Büchner in seinem Drama Dantons Tod. Büchner verschärfte damit die so genannte Theodizeefrage, die in der abendländischen Philosophie besonders in der Neuzeit zum Teil heftige Debatten hervorgerufen hatte. Der Kern der Frage wurde und wird schon vor jeder theoretischen Problemstellung in unseren Erfahrungen immer wieder als ein bedrängendes Dilemma erfahren und formuliert: Wie kann ein Gott in seiner Güte und Allmacht das oft so sinn- und grundlos erscheinende Leiden auf dieser Erde zulassen oder gar noch selbst bewirken? Einen prominenten, aber auch heftig umstrittenen philosophischen Lösungsvorschlag machte der Philosoph Gottfried Wilhelm Leibniz im Jahre 1712. Der Titel des Buches formuliert die zentrale Problemstellung »Theodizee. Über die Güte Gottes, die Freiheit des Menschen und den Ursprung des Übels.« Der weltweite religiöse Umgang mit den vielfältigen Formen des Leidens ist nicht einfach deckungsgleich mit theoretischen Erwägungen und Konzepten der westlichen Philosophiegeschichte. Dennoch rückt angesichts des Leidens auch in den Religionen der spannungsreiche Zusammenhang zwischen göttlicher Kraft und Macht, menschlicher Freiheit und menschlicher Schuld in je unterschiedlicher Ausprägung ins Blickfeld.

18 Judentum: Leben wie Hiob

Margarete Susman:
Das Buch Hiob und das Schicksal des jüdischen Volkes

■ *Die in Hamburg geborene jüdische Dichterin Margarete Susman (1872–1966) veröffentlichte im Jahr 1946 ihre Studie über »Das Buch Hiob und das Schicksal des jüdischen Volkes.« Susmans Werk kann als eine der ersten publizistischen Reaktionen des Judentums auf den Holocaust gelten.*

Das Schicksal des jüdischen Volkes zeichnet sich rein im Lebenslauf Hiobs ab. Wie im Leben Hiobs steht in dem Israels am Anfang der große Glanz, steht über seiner Wohnung das Geheimnis Gottes, das es aussondert und umschließt, steht die unfassliche Verheißung an Abraham: »In deinem Samen sollen gesegnet sein alle Geschlechter der Erde!«, steht der Bund Gottes mit Israel, in dem es für immer geborgen ist. Nach dem ungeheuren Bruch in seiner Geschichte blickt aus seinem Leben im Exil das jüdische Volk auf die leuchtende Frühzeit des biblischen Israel als auf ein in einer versunkenen Wirklichkeit spielendes ungeheures Vorspiel zurück. Die Verbindung ist nicht abgerissen; es weiß noch, dass dies sein Leben war; ja, nichts in seinem gegenwärtigen Leben wäre ohne diese Vergangenheit, was es ist; um jeden, auch den losgerissensten jüdischen Menschen ist durch seine Abstammung etwas Verwunschenes, als wäre er in Wahrheit noch etwas anderes, als was er ist; aber zugleich ist jeder jüdische Mensch gezeichnet durch die Wirklichkeit der Verstoßung. Wie Hiob fühlt das Volk im Rückblick auf seinen Glanz und seine Größe umso tiefer und unbegreiflicher diese Verstoßung, und wie Hiob umkreist es sie mit immer neuen Fragen. Es war der Segen der Völker, sie warteten auf es wie auf den Regen. Durch dies Volk hat zum ersten Mal in der Menschengeschichte das Unendliche mit dem Endlichen sich in Beziehung gesetzt, ist es aus Nacht und Schweigen als *der* Unendliche hervorgetreten, der durch seinen Anruf den Bund mit dem endlichen Wesen Mensch geschlossen hat, aus dem den Völkern die Gestalt ihres Heils entsprang.

Und nun, da es alles gegeben, da es ganz gedient hat, bleibt ihm nichts als Hass und Verachtung, Schmach und Verstoßung, Krankheit, Hässlichkeit, unermessliches Leid. Wie kein anderes Volk der Erde steht so das jüdische Volk rein in der Frage, steht es wie Hiob in der unbeantwortbaren Frage der ihm aufgeprägten Daseinsform selbst. Das trennt Hiob grundsätzlich von dem anderen großen Frager der Menschheitsgeschichte ab: Sokrates fragt nach allem, was in der Welt den Menschen sich selbst und die Gottheit erkennen lehrt; Hiob fragt nach dem Einen, das sich in seinem Schicksal als Wahrheit von Gott und Mensch offenbart.

So fragt auch das jüdische Volk. Seine Frage ist nirgends eine von seinem Leben abgelöste, nirgends eine Frage rein objektiven Erkennens; sie steigt aus seinem eigenen Schicksal als Frage nach seiner Gerechtigkeit für den Menschen zu Gott auf. Nicht also als Frage nach jener verständlichen allgemeinen Weltgerechtigkeit, wie sie die Freunde Hiobs verstehen, sondern als Frage nach einem Gehaltensein von Gott, aus dem der Mensch zu leben und zu sterben vermag. Wie Hiob nimmt das Volk sein Leid als von Gott verhängtes auf sich; aber wie Hiob nimmt es dies Leid nicht einfach an; es will es verstehen; das heißt: es will den Willen Gottes, um dessentwillen es duldet, verstehen. Denn wie Hiob weiß es vor aller Frage, wacher oder dumpfer, klarer oder verhüllter, weiß es in jeder geschichtlichen Verkleidung, wird es in jeder wieder neu darauf gestoßen, weiß es dunkel auch noch in einer Zeit, in der es von ihm und seinem Namen losgerissen ist, dass es die Pfeile des Allmächtigen sind, die in ihm stecken. Aus dieser immer erneuten Gewissheit verlangt es wie Hiob, dass der, der es mit seinen Pfeilen trifft, unter dessen unmittelbarem Gericht es steht, ihm als der Gerechte offenbar werde. Denn auch die Frage des Volkes im Exil ist die nach dem verlorenen Zusammenhang von Leid und Schuld, auch ihm sind wie Hiob göttliche und menschliche Gerechtigkeit auseinandergebrochen, und auch es ist so in seiner Frage gezwungen, unablässig nach seiner eigenen Schuld zu suchen. Und wenn heute diese Frage vom realen Entsetzen und von der Frage nach seiner nackten Existenz überdeckt ist, unterhalb jeder zeitlichen ist es doch diese ewige Frage, die auf dem Grund aller seiner Fragen als die allein wirkliche brennt.

Margarete Susman: Das Buch Hiob und das Schicksal des jüdischen Volkes, Jüdischer Verlag, Frankfurt a.M. 1996, S. 51–53.

Tomi Ungerer, Judentransport. Aus: Zvi Kolitz, Jossel Rackovers Wendung zu Gott. Mit Zeichnungen von Tomi Ungerer. Aus dem Jiddischen von Paul Badde. © 2004 Diogenes Verlag, Zürich.

Zvi Kolitz: Wos noch?

■ *In seiner jiddisch geschriebenen Erzählung schildert Zvi Kolitz (1919–2002) die Klagen eines jüdischen Widerstandskämpfers, der schließlich in den Kämpfen im Warschauer Ghetto (19. April bis 16. Mai 1943) umkommt. Der erstmals 1946 in Buenos Aires erschienene Text galt lange Zeit als authentisches Dokument aus den letzten Tagen des jüdischen Aufstandes gegen ihre nationalsozialistischen Peiniger.*

Du sogst as mir hoben gesindigt? – Awade is es asoj: As derfar weren mir bastroft? Ojch dos kenn ich varstehn: Ich will ober as Du sollst mir sogen, zi es is varan a Sind ojf der Welt wos soll wert sein asa Strof wie die wos mir hoben bakummen?
Du sogst as Du west noch unsere Ssonim bazohlen? – Ich bin iberzeigt in dem, as Du west sej bazohlen ohn Rachmones, ojch in dem zwejfel ich nit. – Ich will ober as Du sollst mir sogen zi is varan a Strof ojf der Welt wos soll im stand sein zu machen vargeben dem Varbrechen wos is gegen uns bagangen geworen?
Du sogst efscher as azind is es nit kejn Frage vun Sind un Strof, nor s'is a Zustand asa vun bester Ponim, in welchen Du host mafkir gewen die Menschen zu sejere Jezorim? – Will ich Dir frägen, Gott, un die dosige Frage brennt in mir wie a varzehrendiker Feier: Wos noch, oh, wos noch darf passieren bekedej Du sollst Dein Ponim wieder antplecken var der Welt?

Du sagst, dass wir gesündigt haben? Aber natürlich! Und dafür werden wir bestraft? Auch das kann ich verstehen. Ich will aber, dass Du mir sagst, ob es irgendeine Sünde auf der Welt gibt, die eine solche Strafe verdient, wie wir sie bekommen haben!
Du sagst, Du wirst es unseren Feinden noch heimzahlen? Ich bin überzeugt, dass Du es ihnen erbarmungslos zurückzahlen wirst – gnadenlos. Auch daran zweifle ich nicht. Ich will aber, dass Du mir sagst, ob es überhaupt irgendeine Strafe auf der Welt geben kann, die imstande ist, die Verbrechen zu sühnen, die gegen uns begangen wurden!
Nun sagst Du vielleicht, dass es jetzt keine Frage von Sünde und Strafe ist, sondern dass es so eben ist, wenn Du Dein Gesicht verhüllst und die Menschen ihren Trieben überlässt? Dann will ich Dich aber fragen, Herr, und diese Frage brennt in mir wie ein verzehrendes Feuer: Was noch, oh, sag es uns, was noch muss geschehen, damit Du Dein Gesicht vor der Welt wieder enthüllen wirst?

Zvi Kolitz: Jossel Rakovers Wendung zu Gott, Diogenes Verlag, Zürich 2004, S. 74–75.

19 Christentum: Warum? Wozu? Fragen und Antworten

Wolfgang Huber: Wie konnte Gott das zulassen?

■ *Die gewaltige Erdbeben- und Flutkatastrophe in Südasien hat am Ende des Jahres 2004 weltweite Solidarität und Hilfsbereitschaft ausgelöst. Der Ratsvorsitzende der Evangelischen Kirche in Deutschland, Wolfgang Huber, hat kurz nach dem Weihnachtsfest 2004 die spezifisch christlichen Konturen seiner Gedanken unter anderem auch an der Geburt Jesu Christi orientiert.*

Nur einen Langstreckenflug entfernt zeigt sich in einer der schönsten Urlaubsregionen der Welt die grausamste Verwüstung. Zerstörte Häuser, Massengräber und entsetzliches Leid ziehen sich von Sumatra über Thailand, Sri Lanka, Indien bis hin nach Somalia an die Ostküste Afrikas rund um den Indischen Ozean. Die größte Hilfsaktion der Welt ist angelaufen. Viele Menschen haben in den letzten Tagen großzügig gespendet, um die schlimmste Not zu lindern. Hilfsorganisationen haben schnell reagiert und Material und Helfer in die Krisenregion entsandt. Ja, auch die Einheimischen vor Ort, obwohl selbst betroffen, helfen, wo sie können – so berichten es viele der Heimgekehrten. Doch das ungeahnte Ausmaß dieser Katastrophe macht unsere Hilfe weiterhin dringend notwendig. Die Globalisierung unserer Welt erschöpft sich nicht in der wirtschaftlichen Zusammenarbeit. Sie bringt uns auch fernes Leid nahe und macht es zu unserem eigenen. Global zu denken, heißt heute, zur Hilfe für die Menschen am Indischen Ozean bereit zu sein.
Tief reichen die Fragen, die durch diese Ereignisse wach gerufen werden. Wir spüren, dass die »Sintflut« nicht eine überholte Sage ist, sondern auf wirklicher Erfahrung beruht, auf einem schrecklichen Geschehen, in dem die Natur ihre unbändige Gewalt in einem unvorstellbaren Ausmaß zeigt. Auch der Mensch, der meint, über die Natur herrschen zu können, stößt mit seinem Machtanspruch an Grenzen. Die Betroffenen werden erst allmählich wieder das Zutrauen zu der Zusage entwickeln, in der die Erfahrung der Sintflut schließlich überwunden wird: »Solange die Erde steht, soll nicht aufhören Saat und Ernte, Frost und Hitze, Sommer und Winter, Tag und Nacht.« Das Vertrauen in die bergende Kraft der Schöpfung wird nur langsam wieder wachsen.
Wie Gott das zulassen konnte, wird gefragt. Die Frage wird wieder genauso gestellt wie im Jahr 1755, als das gewaltige Erdbeben von Lissabon Zigtausende von Menschen in den Tod riss und eine gewaltige Erschütterung in Europa auslöste. Johann Wolfgang von Goethe schildert, wie dieses Ereignis seinen Kinderglauben in Frage stellte: »Gott, der Schöpfer und Erhalter Himmels und der Erden ... hatte sich, indem er die Gerechten mit den Ungerechten gleichem Verderben preisgab, keineswegs väterlich bewiesen.« Voltaire, der französische Skeptiker, wandte die Katastrophe von Lissabon gegen den Fortschrittsoptimismus seiner Zeit. Und wir? Nicht die Allmacht Gottes, sondern die Allmachtsvorstellungen des modernen Menschen werden durch solche Ereignisse in ihre Schranken gewiesen. Gottes Allmacht kann man sich nicht so vorstellen, dass Gott alles Böse und Unbegreifliche im Vorhinein aus dem Lauf der Dinge herausschneidet. Gottes Allmacht zeigt sich in der Liebe, mit der er sich uns Menschen zuwendet, damit wir uns auch angesichts des Unbegreiflichen an ihr orientieren. Die Gewalt der Natur hat uns in die Grenzen gewiesen. Immer wieder kann es geschehen, dass die Erdteile sich so gegeneinander verschieben, dass ein Beben auch das Meer zum Toben bringt. »Tsunami« heißt der Name für dieses Naturgeschehen. Uns Kinder der Moderne erinnert das daran, dass unsere Herrschaft über die Natur nicht unumschränkt ist. Trotz unserer Kenntnisse der Natur und trotz unserer Möglichkeiten, sie uns dienstbar zu machen, drängt uns dieses Erleben wieder zu einer Haltung der Demut.
Wollte Gott den Tod so vieler Menschen? Auch diese Frage wird jetzt gestellt. Nein, kann die Antwort nur lauten, Gott will nicht den Tod. Sondern Gott ist ein Freund des Lebens. Sein Sohn, dessen Geburt wir in diesen Weihnachtstagen feiern, nahm den Tod auf sich, damit kein Mensch mehr geopfert werden muss – auch nicht den Gewalten der Natur. Sich ihnen nicht zu unterwerfen, sie aber zu achten, ist die Folgerung.

Wolfgang Huber: Wie kann Gott das zulassen? In: Spiegel-online [Referenzdatum: 5. Februar 2004].

28. Dezember 2004: Eine verzweifelte Inderin im Zerstörungsgebiet des Tsunamis, fotografiert vom indischen Pressefotografen Arko Datta. Foto: dpa.

Alexander Kissler: Wo war Gott?

■ *Das Seebeben in Südostasien wurde mannigfach kommentiert. In einem Vergleich zwischen den Stellungnahmen hochrangiger Kirchenvertreter und den Äußerungen von Politikern zur Tsunamikatastrophe macht der Journalist Alexander Kissler eine merkwürdige Entwicklung und Wandlung in den religiösen Ausdrucksformen aus:*

»Wo war Gott?« Der Tsunami hat wie schon nach den Katastrophen von Eschede und New York und Beslan die Sehnsüchte geweckt nach einer Sinngebung des Sinnlosen. Jahrhunderte lang waren Religion und Kirche die einzigen Experten für eine so herausfordernde Kontingenzbewältigung. Seit dem 20. Jahrhundert aber, als das Böse auf keinen heilsgeschichtlichen Nenner mehr zu bringen war, ist die Theodizee heimatlos geworden. [...] Gemeingut ist [...] der Satz von Kardinal Lehmann, die Theologie kenne heute »die Grenzen der Theorie« und halte sich deshalb mit Deutungsversuchen zurück. [...]
Die Kommentatoren und Politiker stellen eine engere Verbindung her zwischen der Schöpfung als Gotteswerk und dem tausendfachen Tod als die meisten Kirchenvertreter. Der Bamberger Erzbischof Ludwig Schick nannte die Flut »auch eine Anklage gegen die Reichen« und forderte Frühwarnsysteme, Wolfgang Huber schloss sich dem Appell an und beklagte die »ungleichen Lebensverhältnisse in der Einen Welt«, der Papst [Johannes Paul II.] wählte die an Sachlichkeit kaum zu überbietende Formulierung »ungeheure Tragödie«. Von einer »Heimsuchung«, streng genommen von einer Kollision des göttlichen mit dem menschlichen Willen, sprach einzig die Hamburger Morgenpost.

Alexander Kissler: Wo Gott war, in: Süddeutsche Zeitung Nr. 15 vom 5./6. Januar 2005, S. 15.

20 Buddhismus: Das Karma

Lionel Wijesiri: Karma und Katastrophe

■ *Der in Sri Lanka ansässige Journalist Lionel Wijesiri hat in einem Beitrag für die Zeitung Lanka Daily News vom Februar 2005 die Flutkatastrophe unter buddhistischer Perspektive gedeutet. Angesichts der Opfer in seinem Heimatland und in ganz Südasien denkt der Buddhist in neuer Weise über die Lehre vom Karma nach. Voraussetzung aller seiner Überlegungen ist allerdings eine Unterscheidung zwischen einer naturwissenschaftlichen und einer religiösen Auseinandersetzung mit der Katastrophe. Während die Naturwissenschaft nur Ursachen (causes) des Geschehens untersuche, thematisiere die Religion auch die Zwecke (purposes). Was aber bedeutet dann der Glaube an das Karma der Menschen angesichts von massenhaftem Sterben?*

We find Buddhism where the Principle of Karma plays a key role. It's a principle, which can operate, on its own like any natural law, such as that of gravitation.
Many victims of the recent tsunami would account for the suffering in terms of past Karma. To put it in simple terms, the suffering caused by the tsunami would be present-day payback for the victims' past deeds.
According to the first two Noble Truths of Buddhism all of life is suffering and suffering is caused by attachments to worldly things.
This attachment, which can take the form of greed, hatred, and ignorance in this life and past lives, can, unless mitigated, return as more suffering (Karma).
According to the Dhammapada [»Pfad der Lehre« Alte Textsammlung mit den Hauptlehren Buddhas], »By oneself the evil is done, and it is oneself who suffers: by oneself the evil is not done, and by one's Self one becomes pure.«
Suffering caused by disasters is not necessarily punishment from a divine being, but rather something that must be transcended by not clinging to material objects or relationships.
Abstractly speaking, Karma is not really a theory of fate; it's a causal theory. And it says that anything bad that happens to you is a resonance of something bad that you perpetrated in a previous life.
But the key factor is that Karma is not the exercise of a particular agency or divinity; it is an impersonal process of causality. It's a causality by which beings evolve.
Like if they do an action of a certain type, they get an effect from that action because it changes their being and their being evolves. It can evolve in a negative or a positive direction depending on whether the actions are negative or positive.
However, Buddhism contradicts the belief that all physical circumstances (or mental attitudes) spring solely from past Karma. The law of Karma is one of the twenty-four causal conditions described in Buddhist philosophy. Karma is the most important of all.
Though we are neither absolutely the servants nor the masters of our Karma, it is evident from supportive factors that the fruition of Karma is influenced to some extent by external circumstances, surroundings, individual striving and the like.
It is this doctrine of Karma that gives consolation and moral courage to a Buddhist.
When the unexpected happens and misfortunes confront him, a Buddhist should realise that he is reaping what he has sown and is wiping off a past.
Instead resigning himself leaving everything to Karma, he should make a strenuous effort to pull out the weeds and sow useful seeds in their place. For, the future is in his hands.

Lionel Wijesiri, in: buddhistchannel.tv. [Referenzdatum: 5. Februar 2004.] Der Begriff »Kamma« aus der Pali-Sprache wurde durch das gebräuchlichere Sanskrit-Wort »Karma« ersetzt.

Buddhistisches Lebensrad.
Tibetisches Rollbild, 19. Jh. Das Rad der Existenzen wird von einem Dämon in seinen Klauen gehalten, der entweder als Mara, der große Versucher, oder als Yama, das Sinnbild für die Unwissenheit angesehen wird. Das Lebensrad veranschaulicht die sechs Daseinsbereiche der Täuschung und Verblendung, in denen ein Lebewesen immer wiedergeboren wird, bis es das Samsara [Kreislauf von Geburt und Tod] durchbrechen kann. In der Radnabe sind die drei Grundübel oder Gifte zu sehen, die ein Lebewesen an den Kreislauf der Wiedergeburten binden. Der Hahn steht für die Gier, die Schlange für den Hass, das Schwein für den Ich-Wahn. Der Radkranz oder die Felge bildet die zwölf Glieder des »abhängigen Entstehens« ab. Der National Geographic Atlas der Weltreligionen, Hamburg 2004, S. 138.

21 Islam: Angst und Mut

Nasr Hamid Abu Zaid: Ich hatte nie Angst

■ *Nasr Hamid Abu Zaid (geb. 1943) gilt als einer der innovativsten und umstrittensten Denker des Islam in der Gegenwart. Abu Zaid lehrte zunächst an der Universität Kairo Rhetorik und Arabische Literatur. Seine liberale Haltung zum Koran brachte ihm viel Kritik und sogar Morddrohungen ein. Ein ägyptischer Richter verfügte 1995 die Zwangsscheidung von seiner Frau. Seitdem lebt das Ehepaar im Exil in Leiden (Holland), wo Abu Zaid als Islamwissenschaftler lehrt. In der Darstellung seiner Lebensgeschichte, einem langen Interview, verbinden sich Darstellungen zu Grundthemen des Islam mit Reflexionen und Erinnerungen zur eigenen Biographie. Abu Zaid kommt dabei auch auf die im Islam immer thematisierte und auch kontrovers diskutierte absolute Souveränität Gottes gegenüber der Welt und dem Leben der Menschen zu sprechen. Abu Zaid setzt sich dabei auch mit den Vorwürfen seiner Gegner auseinander, er habe Angst vor dem Tod.*

Ich bin zornig, aber ich hatte nie Angst. Wenn mich jemand danach fragte, habe ich immer gesagt: Ich kann doch aus allen möglichen Gründen sterben. Statistisch gesehen ist es aufgrund meines Gewichtes wahrscheinlicher, dass ich wegen zu hohen Blutdrucks sterbe. Autofahren ist auch gefährlich und Fliegen erst. Es kann sein, dass das Flugzeug entführt wird und die Entführer von den Passagieren verlangen, das Gesicht auf die Knie zu legen. Dann kann ich nur noch die Fatiha [Anfangssure des Koran, zentraler Bestandteil des rituellen Gebets] aufsagen und warten, bis sie mich erschießen. Der Tod lauert hinter jeder Ecke, schon gar in den Ländern der Dritten Welt. In Ägypten kann der Tod im Krankenhaus auf dich warten. Du gehst dorthin, um behandelt zu werden, und sie verpassen dir aus Versehen die tödliche Dosis. Es ist unmöglich, in einer Gesellschaft wie der unseren [= der ägyptischen] zu leben und Angst vor dem Tod zu haben. Das würde heißen, Angst vor dem Leben zu haben. Du brauchst nicht die Terroristen, um zu sterben. Ein Elektrokabel kann dir mitten auf der Straße auf den Kopf fallen. Du kannst in einen offenen Gully stürzen. Viele Kinder sterben so. […] Das gibt es wirklich [z. B. in Kairo].
Letztlich ist es mein Glaube, der mich durch die letzten Jahre geführt hat. Weil ich an Gott und das Jenseits glaube, habe ich keine Angst vor dem Tod. Ich bin gewiss, dass ich ins Paradies kommen werde und dann selbst für andere Fürbitte leisten werde. Nicht nur das: Ich habe sogar die Gewissheit, dass ich [als Gerechter] für zirka fünf Millionen Menschen Fürbitte [vor Gott] werde leisten können.
Bei Gott dem Allmächtigen, ich habe das Gefühl, dass Gott mich am Tag der Auferweckung zu sich rufen und fragen wird: »O Nasr, Sohn der Na'ima« – das war der Name meiner Mutter – »hast du deine Pflicht erfüllt?« »Gott, ich habe mich bemüht«, werde ich antworten. »Ich kann nicht behaupten, dass ich alles getan hätte. Ich habe mich bemüht.« »Hast du nichts falsch gemacht?« »Natürlich habe ich Fehler gemacht, Wer hat das nicht? Aber du, Gott, bist verzeihend und gnädig.« Gott hat uns nicht geschaffen, um uns zu quälen. Alle [Koran-]Verse, die von den Höllenqualen berichten, haben den einzigen Zweck, die Menschen zu erziehen.«

Nasr Hamid Abu Zaid, Ein Leben mit dem Islam. Herder Verlag, Freiburg 2001, 2. Aufl., S. 208–209.

Zwei Hadithe

Jeder wird dazu gebracht, das zu tun, wozu er erschaffen worden ist.
Nach 'Imran ibn Husayn

Wenn Gott einem Diener bestimmt hat, in einem Land zu sterben, führt er ihn hin durch irgend ein Anliegen«.
Nach Abu 'Azza

Quelle: Lexikon des Islam: Schicksal. Lexikon des Islam, S. 1234 (vgl. Islam Bd. 3, S. 662) © Herder Verlag, Freiburg (Digitale Bibliothek Bd. 47, Berlin 1991)

Szene aus dem Film »Paradise now« von Hany Abu Assad. Der Film erzählt die Geschichte der Palästinenser Khaled und Said, die seit ihrer Kindheit gute Freunde sind und dazu bestimmt werden, sich als Selbstmordattentäter in Tel Aviv in die Luft zu sprengen. Allerdings verläuft die Operation anders als geplant. Foto: © dpa.

Die »Geistliche Anleitung« der Attentäter des 11. September

■ *Die Anschläge auf die beiden Türme des World Trade Center in New York am 11. September 2001 waren der erste quasi militärische Angriff auf die Führungsmacht USA seit 1814. Sie hatten daher weltweit gravierende politische und militärische Folgen. Der folgende Text wurde auf einem Zettel im Fluggepäck des Selbstmordattentäters Mohammed Atta gefunden.*

Die letzte Nacht

1. Untereinander einen Treueeid zu sterben treffen und das Erneuern der Intention.
   Das überflüssige Körperhaar abrasieren und sich parfümieren.
   Die große rituelle Waschung vornehmen.
2. Den Plan von allen Seiten gut kennen; damit rechnen, dass der Feind reagiert und Widerstand leistet.
3. Die Suren at-Tawba [Nr. 9] und al-Anfal [Nr. 8] lesen und über ihre Bedeutung nachdenken und darüber, was Gott den Gläubigen an ewiger Gnade für die Märtyrer bereitet hat. Einer der Prophetengefährten sagte: »Der Prophet Gottes befahl uns, sie vor dem Kriegszug zu rezitieren. Daraufhin rezitierten wir sie, machten viel Beute und blieben unversehrt.«
4. Besinne dich auf den unbedingten Gehorsam in dieser Nacht, denn du wirst mit entscheidenden Situationen konfrontiert sein, in denen es 100 Prozent auf unbedingten Gehorsam ankommt. Bezähme dich, mache dich selbst verstehen, überzeuge dich und sporne dich dazu an. Gott – er ist erhaben – sagt: »Und gehorcht Gott und seinem Gesandten und streitet euch nicht, sonst gebt ihr damit auf und seid zur Untätigkeit verurteilt! Und seid geduldig! Gott ist mit denen, die geduldig sind.« [Koran 8:46]
5. In der Nacht aufbleiben und dringlich um Hilfe zum Sieg, Stärkung, klaren Triumph, Erleichterung des Vorhabens und unsere Unentdecktheit beten.

Hans G. Kippenberg, Terror als Gottesdienst: Die »Geistliche Anleitung« als Begründung und Koordination der Gewalttaten des 11. September 2001. In Hans G. Kippenberg/Tilman Seidensticker (Hg.): Terror im Dienste Gottes. Campus Verlag, Frankfurt am Main/New York 2004, S. 17f. *(➡ S. 55)*

F Gott – Götter – Kräfte

Wie können wir angemessen von Gott reden? Diese theologische Kernfrage der monotheistischen Religionen Judentum, Christentum und Islam führt zur Aporie, wenn wir die Vielfalt der Religionen in den Blick nehmen wollen. Menschen, Völker, Religionen entwerfen unzählige Begriffe, Grammatiken, Bilder, um die Welt zu erfassen und zu verstehen, was hinter der sichtbaren Welt ist. Die europäische Weltsicht mit ihrer Unterscheidung von »Immanenz« und »Transzendenz«, ihrem Monotheismusbegriff und ihrer Vorstellung der Evolution gerät an ihre Grenzen.
Und dennoch lohnt es sich, das Spektrum zu öffnen, um unser eigenes Denken zu erweitern und um unseren Blick für andere Formen des Glaubens zu schulen. Das Kapitel beginnt mit für uns fremdartigen authentischen Erfahrungsberichten aus Afrika und Asien, jenseits von Theismus und Atheismus. Es fragt nach der Entstehung des biblischen Monotheismus und sucht nach einem Verständnis der umstrittenen Trinitätslehre im interreligiösen Dialog mit dem Islam.

22 Ethnische Religionen: Die Ahnenkuh

Theo Sundermeier: Die Ahnenkuh

■ *Ein Zulu begegnet seinen Ahnen. Das Gespräch mit seinen Vätern verschafft ihm Ruhe, Zuversicht zum Leben und Heilung. Seine spontan wirkende Gebetshandlung ist voller Symbolik, die in der Zulureligion beheimatet ist. Da ist z. B. die Asche. Sie stammt vom Ahnenherd im Haus. Asche (sie ist weiß) wird bei den Zulu mit den Ahnen assoziiert. Asche und Samen werden gleich benannt (»umlotha«). Das Gebet findet im Kälberkral statt. Er ist das Zentrum jeder Heimstatt. Das Rind ist Lebens- und Kraftträger schlechthin. Im Kälberkral wird der Hausherr begraben. Es ist der Platz der Ahnen. Nicht irgendwo macht der Zulu seine Erfahrung, sondern im Zentrum seiner Heimstatt, das zugleich symbolisches Zentrum seines Lebens und seiner Religion ist.*

Ich war durch schwere Träume geplagt. Sie können einen richtig krank machen. Aber ich hatte kein Geld, darum konnte ich nicht zum Wahrsager gehen, um mich nach der Ursache der Schwierigkeiten zu erkundigen. Ich hatte wirklich nichts. Ich war arm. Und so blieb ich zu Hause und konnte nichts tun. Schließlich ging ich in den Viehkral und setzte mich dort nieder. Ich setzte mich einfach so dort hin und saß dort und wartete. Dann stand ich schließlich auf und ging zu der Ahnenkuh. Ich ging zu dem Platz, wo sie stand. Dort stand sie neben der roten Kuh, auf der linken Seite. Ich kam in ihre Nähe. Ich rieb sie mit Asche, weiter nichts, sehr sanft rieb ich sie mit Asche. Die Kuh leckte die Asche aus meiner Hand. Ich war glücklich. Als ich die Asche über den Schulterblättern einrieb, legte ich die andere Hand auf ihren Rücken. Sie stand ganz still und ließ sich alles gefallen. Dann sprach ich einige Worte. Ich sprach das, was ich mir überlegt hatte, als ich dort im Kral saß, bevor ich mich der Kuh näherte. Ich sprach mit sanfter Stimme zu den Ahnen.

»Oh ihr Väter, was macht mich so unruhig? Erst die Träume, die ich nicht verstehen kann. Dann die Krankheit. Ja, gestern musste ich den ganzen Tag erbrechen; alles kam heraus, unaufhörlich, selbst die Galle! Das war gestern. Und heute ist es der Kopf! Die Schmerzen sind überall im Kopf. Und dann bin ich noch so arm. Ja, hier im Haus bin ich so arm. Ich kann nicht zum Wahrsager gehen, um herauszufinden, warum das alles hier geschieht. Darum stehe ich nun hier an diesem Platz, Väter meines Vaters! Seid nicht zornig und sagt nicht: Wie kann das Kind sich auf diese Weise uns nähern? Es hat ja nichts in den Händen und bringt uns nichts! Ich habe nichts gebracht als diese Kuh, die ich euch schon vor einiger Zeit dargebracht habe, wissend, dass sie das Tor zu euch ist. Ja, das ist der Grund, warum ich hier stehe. Ich spreche freundlich mit euch, sodass ich erfahren kann, warum ich krank bin.«
Dann sprach ich von den Feldern, die so wenig Ertrag bringen, weil sie wegen der Krankheit nicht ordentlich gepflügt werden konnten. Ich bat noch einmal um Vergebung, dass ich mit leeren Händen gekommen war, und verabschiedete mich. Während der ganzen Zeit stand ich neben der Kuh und sprach sehr freundlich. Auch die Kuh stand ganz still und tat nichts. Als ich meine Worte beendet hatte, stand sie noch immer still am gleichen Platz. Ich wusste, die Ahnen hatten meine Worte gehört, weil die Kuh so still war und sich nicht bewegt hatte.

Theo Sundermeier: Was ist Religion? Religionswissenschaft im theologischen Kontext, Gütersloher Verlagshaus, Gütersloh 1999, S. 101–103.

23 Theorien zum Monotheismus

Landläufig bezeichnet man Judentum, Christentum und Islam als »monotheistische Religionen«. Monotheismus jedoch ist der Sache nach bei einer Vielzahl von Religionen gegeben. Der Monotheismus der abrahamitischen Religionen hat möglicherweise ägyptische Wurzeln.

Aus dem Sonnengesang des Echnaton

Schön erscheinst Du im Horizont des Himmels,
Du lebendige Sonne,
die das Leben bestimmt [...]
Wie zahlreich sind Deine Werke,
die dem Angesicht verborgen sind,
Du einziger Gott [...]
Seit Du die Welt gegründet hast,
erhebst Du sie für Deinen Sohn,
der aus Deinem Leib hervorgegangen ist,
den König [...] Echnaton, [...]
die Herrin Nofretete,
die lebendig und verjüngt ist für immer und ewig.

Erik Hornung: Echnaton. Die Religion des Lichtes, Patmos Verlag, Düsseldorf, 2. Auflage 2005, S. 88–93. ➡ *Vgl. Psalm 104.*

Echnaton und Nofretete verehren Aton, die Sonne; deren Leben bringende Strahlen bilden Hände aus. Die Uräusschlange an der Stirn kennzeichnet die Pharaonenwürde. Das Gefäß in den Händen verkörpert ewiges Leben. Relief aus Amarna, um 1350 v. Chr.

Erik Hornung: Die neue Religion des Echnaton

■ *Nach der These des Heidelberger Ägyptologen Prof. Jan Assmann beginnt der Monotheismus mit dem Bildersturm des Pharao Amenophis IV., der 1372 v. Chr. den Thron bestieg und sich fortan »Echnaton« nannte (Anch – Henkelkreuz; Aton – Sonne). Er ließ die ägyptischen Götterbilder beseitigen und Götternamen herausmeiseln. Echnaton löste damit eine Revolution ohnegleichen aus. Aber er lebte nur kurz und seine Nachfolger machten seinen Bildersturm rückgängig. Umstritten ist, welche Ausdehnung Echnatons Reform in Ägypten hatte und wie sie »Mose, den Ägypter« beeinflusste.*

Echnaton entdeckte die Abhängigkeit der Welt vom Licht und glaubte darin das zentrale Prinzip zu fassen, aus dem alles ableitbar ist, die »Weltformel«, die alles in sich schließt. Mit dem Licht legte er sich auf das Sichtbare fest und war gezwungen, alles abzuleugnen, was nicht der sichtbaren Welt angehörte: die Finsternis, das Jenseits, die Götter und unter ihnen vor allem Amun, den »Verborgenen«!

In den Anfangsjahren Echnatons heißt es vom Sonnengott: »Es gibt keinen anderen seinesgleichen« *(mi qedef)*, in den Gräbern der neuen Residenz aber: »Es gibt keinen anderen außer ihm« *(upu heref)*. Darin liegt der entscheidende Schritt zum Monotheismus und seiner Ausschließlichkeit. Entsprechend ist der König jetzt »einzig wie Aton, ohne einen anderen Großen außer ihm« (Grab des Aja), und im Sonnengesang verkündet er: »Es gibt keinen anderen, der dich kennt«.

[...] Aton bildet mit dem Königspaar zusammen eine Dreiheit, welche die strenge Einheit des Gottes relativiert. Wie so viele Begriffe, ist auch der des Monotheismus nicht in letzter Strenge zu definieren oder in der Realität zu verwirklichen. Aber diese Religion des Lichts ist in ihrer unerbittlichen Konsequenz die einfachste und klarste Religion, die jemals geformt wurde!

Der monotheistische Wesenszug Atons zeigt sich auf drei Ebenen. Die eine sind Formulierungen wie »kein anderer außer ihm«, die den Anspruch der Ausschließlichkeit erheben; dazu gehört, dass Aton weder eine weibliche Partnerin noch einen Widersacher hat, also auch darin nichts außer ihm existiert. Echnaton denkt hier viel radikaler als Deuterojesaja (»Außer mir ist kein Gott«, Jes 44,6) oder der Islam; an Konsequenz wird er nur noch durch Tendenzen der islamischen Mystik übertroffen, welche sogar die eigene Existenz als unvereinbar mit der Existenz Gottes empfinden, weil es nichts außer Gott geben darf.

Die zweite, handfestere Ebene bildet die Verfolgung der alten Gottheiten, die deutlich signalisiert, dass es neben Aton keine anderen Götter mehr geben soll. Erst das Christentum hat den Versuch erneuert, die Götter zugunsten des Einen zu vernichten! Und als dritte Ebene tritt die des Kultes hinzu, der seit dem Anfang der Regierung auf allen offiziellen Denkmälern einzig und allein Aton (auch als Re oder Re-Harachte) zulässt.

Erik Hornung, Die neue Religion des Echnaton, in: Welt und Umwelt der Bibel. 4/2001, S. 11ff.

Takizawa Katsumi: Das Absolute

■ *Takizawa Katsumi (1909–1984) studierte Theologie bei Karl Barth und Philosophie bei Nishida Kitaro, welcher mit dem evang. Theologen Paul Tillich in Austausch stand. Er lehrte als Professor für europäische Philosophie und Ethik an der Universität Kyushu in Fukuoka/Japan. Takizawa gehört zur sog. Kyoto-Schule, die einen Dialog zwischen dem Zen-Buddhismus und der evang. Theologie pflegt. Paul Tillich fand seine Formulierungen von »Gott in der Tiefe des Seins« aus seiner Beschäftigung mit Schelling und Fichte, sowie aus dem Dialog mit dem Zen-Buddhismus (vgl. S. 66).*

Als ich ungefähr zwölf Jahre alt war, sah ich auf dem Rückweg von meinem Gymnasium einen alten Bauern, der eine kleine Wassermühle mit nackten Füßen trat, um die Kartoffeln darin zu waschen. Es war ein heißer Nachmittag, wie immer im Spätsommer bei uns. Und es war eine Landschaft, die mir vertraut war. Trotzdem kam mir plötzlich der wunderliche Gedanke, aus welchem Grunde letzten Endes jener Greis seine Arbeit fortsetze. Die Sonne schien hell, und der Weg nach Hause lag da wie immer. Gleichwohl war mir, als sei ich – ich wusste nicht wie – in den tiefen, unbekannten Wald versetzt, von dichtem Nebel umgeben, und stünde ganz allein da. Bald ging ich weiter den Weg nach Hause. Ich wollte den wunderlichen Augenblick nicht lange im Sinn behalten. Aber sein Nachklang entschwand mir nicht, sondern wurde immer größer, bis ich nicht mehr von der Frage loskommen konnte: Wo bin ich eigentlich? Woher bin ich gekommen? Wohin werde ich schließlich gehen?
Seitdem verlor für mich das Leben sozusagen seine Realität und seinen Sinn. Ich konnte nicht mehr arbeiten, ohne insgeheim das Gefühl eines zwecklosen Strebens zu haben. Wenn ich mit meinen Freunden sprach, war mir immer zumute, als wäre ich durch ein dickes Glas von ihnen geschieden. Ich wünschte sehr, dass es mir klar würde, woher das komme und wie ich mich von dieser erstickenden Situation losreißen könnte. Der Name ›Philosophie‹ tauchte mir im Herzen auf. Aber ich konnte mich nicht entschließen, Philosophie zu studieren. Auf Wunsch meines Vaters habe ich dann Jura studiert. Die Vorlesungen waren interessant, aber als ich ihre Bücher zu Hause las, konnte ich leider keinen Satz verstehen. [...] So entschloss ich mich endlich, Philosophie zu studieren. ... Um möglichst allein zu sein, habe ich mein Studium in Fukuoka, in der Nähe von Nagasaki neu angefangen. Dort hat mir ein Lehrer dringend empfohlen, mit der griechischen Philosophie anzufangen. Damals dachte ich aber stümperhaft, dass die Neuen auch in der Philosophie viel höher stünden als die Älteren. [...] Da las sich zufällig einige gerade erschienene Aufsätze eines japanischen Philosophen, Nishida Kitaro, eines berühmten Zen-Buddhisten, der zugleich ein großer Kenner europäischer Philosophie war. [...] Die Lektüre war sehr schwer, manchmal schaffte ich pro Tag nur zwei Seiten. Ich lernte fast auswendig, auf welcher Seite welchen Buches diese und jene Worte und Redeweisen standen. Nach anderthalb Jahren beinahe erstickenden Nachdenkens leuchtete mir eines Tages plötzlich ein Punkt auf, auf den alles mühsame Denken und all die unerhörten Aussagen Nishidas sich bezogen.
Logisch könnte man den betreffenden Punkt etwa so beschreiben: Der Punkt, wo das Einzelne und das Allgemeine sich miteinander verbinden, liegt nicht im Besonderen oder irgendwo innerhalb unseres Denkens und Bewusstseins, sondern gerade und allein da, wo das Einzelne selbst gesetzt ist. Was nur Subjekt des Urteils und nie Prädikat von einem Anderen wird, das ist nicht bloß ein unbestimmtes Etwas, sondern liegt, sozusagen von seinem absoluten Hintergrund her streng bestimmt, selber direkt auf der Ebene des transzendenten, umfassend-realen, an und für sich selbst leuchtenden Prädikats, das nie in der gleichen Weise wie andere, innerweltliche Gegenstände Prädikat unseres Urteils werden kann. [...]
So habe ich den eigentlichen Gegenstand der philosophischen Forschung getroffen. Die bedrückende Scheidewand, die seit jener wunderlichen Erfahrung immer schwerer mich quälte, um mich von allen Realitäten zu scheiden, verschwand plötzlich. Ich fühlte mich mit unsagbarer Freude auf festen Boden gesetzt. Dass der Mensch nur Mensch ist und bleibt, dass ich nichts Besonderes habe, dessen ich mich vor anderen rühmen könnte, dass ich weder mein Woher noch mein Wohin selbst bestimmen kann, das hat mich seither nicht mehr gequält, sondern vielmehr dazu frei gemacht, je in der gegebenen Situation mein Bestes zu tun.

Takizawa Katsumi: Zen-Buddhismus und Christentum im gegenwärtigen Japan. In: Yagi Seiichi/Ulrich Luz (Hg.): Gott in Japan. Anstöße zum Gespräch mit japanischen Philosophen, Theologen, Schriftstellern, Chr. Kaiser Verlag, München 1973, S. 141ff. (➡ S. 66)

Theorien zum Monotheismus

Im allgemeinen Sprachgebrauch wird der Ausdruck ›monotheistische Religionen‹ oft nur auf das Judentum, das Christentum und den Islam bezogen, jene drei Religionen, deren Gemeinsamkeit im »abrahamitischen« Ursprung erblickt wird. Monotheismus jedoch ist der Sache nach bei einer Vielzahl von Religionen gegeben. Im 19. Jh. wurde ein evolutionäres Denkschema auch auf die Entwicklung der Religion übertragen, zunächst in einer philosophisch-spekulativen Weise. In der positivistischen Dreistadienlehre von Auguste Comte, die unter dem Einfluss Hegelscher Denkkategorien stand, ist der Fetischismus die erste Stufe der religiösen bzw. theologischen Entwicklung; auf ihn folgt der Polytheismus und drittens der Monotheismus. Ein sehr einflussreiches Modell hat in den Jahren nach Darwin Edward Burnett Tylor in seinem Werk »Primitive Culture« vorgelegt: Den Ursprung der Religion erblickt er im Animismus.
Im Gegenzug dazu entwickelte Pater Wilhelm Schmidt die sog. Urmonotheismustheorie, nach der die Religionen der ältesten heute noch antreffbaren Ethnien überwiegend einen monotheistischen Hochgottglauben gehabt hätten. Am Anfang der Geschichte der Menschheit hätte ein Monotheismus gestanden, dessen späteres Stadium der Polytheismus darstelle. Eine solche Verfallstheorie vertraten auch andere Wissenschaftler des 16. bis 18. Jh. wie Voltaire und Lessing.

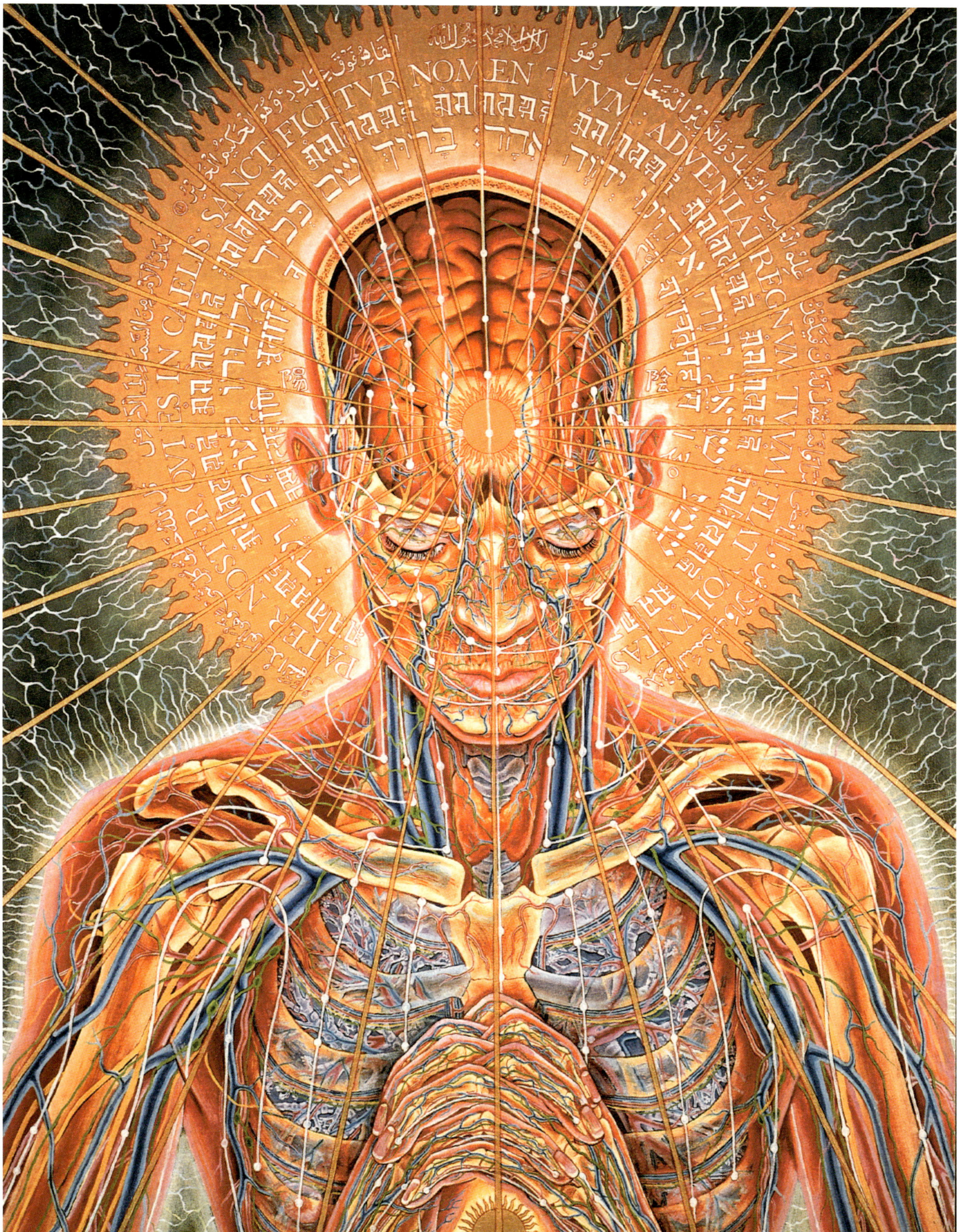

Alex Grey, Licht, 1998. »Für mich ist alles Licht göttlich. Auch das der Glühbirne. Interessanter aber ist das Licht der Visionen, das Licht, das unsere Träume erhellt. Der Lichtkern, aus dem wir im Inneren beschaffen sind. Licht ist das große Meisterstück des göttlichen Schöpfers. Meine Kunst dient dazu, auf diese transzendente Quelle hinzuweisen.« ZeitMagazin »Licht spezial« Nr. 15 vom 2. April 1998, S. 14.

24 Buddhismus und Christentum: Ist der Buddhismus atheistisch?

Das Zentrum der buddhistischen Lehre ist der Glaubenssatz vom »abhängigen Entstehen«: Alles in der Welt steht in einem Ursache-Wirkung-Zusammenhang. Alles, was ist, ist bedingt und unterliegt der Vergänglichkeit. Es gibt nur die sich bewegenden, sich immer verändernden Daseinsfaktoren (skandhas, auch dharmas genannt). Die Götter, an die viele Buddhisten ebenso glauben wie an Geister und Dämonen, sind sterblich, weil sie wie alle Wesen dem Kreislauf unterliegen. Nichtbedingt sind allein Nirvana und das Dharma selbst. Dharma – das ewige kosmische Weltgesetz vom Werden und Vergehen – tritt an die Stelle des Gottesgedankens im Buddhismus (vgl. auch Kap. A und Kap. G).

Existiert Buddha?

»Ehrwürdiger Nagasena, existiert der Buddha (wirklich)?«

»Gewiss, großer König, existiert der Erhabene wirklich.«

»Ist es wohl möglich, ehrwürdiger Nagasena, über den Buddha anzugeben: ›Hier oder dort ist er‹?«

»Der Erhabene ist völlig erloschen, großer König, in dem von jeder Daseinsspur freien Element der Erlösung. Und deshalb ist es nicht möglich, über den Buddha anzugeben: ›Hier oder dort ist er‹.« [...]

»Durch den Körper der Lehre [dharma] aber, großer König, kann man den Erhabenen aufzeigen. Denn die Lehre wurde durch den Erhabenen verkündet.«

»Da hast du recht, ehrwürdiger Nagasena!«

Zit. nach Michael von Brück/Whalen Lai: Buddhismus und Christentum. Geschichte, Konfrontation, Dialog, C.H. Beck Verlag, München 1997, S. 30f.

Sind die Götter ewig?

Selbst jene Götter, ihr Mönche, die langlebigen, herrlich schönen, die in ihrer Glückesfülle seit undenklichen Zeiten in hehren, himmlischen Palästen wohnen, selbst diese überkommt gewöhnlich Furcht, Erschütterung und Erzittern, wenn sie die Lehrverkündigung des Buddha hören. »Ach«, klagen sie, »die wir vergänglich sind, wir hielten uns für unvergänglich! Die wir dauerlos sind, wir hielten uns für beständig! Die wir wandelbar sind, wir hielten uns für ewig! Vergänglich sind wir also, dauerlos, wandelbar, dem Kreislauf der Wiedergeburten unterworfen.«

Anguttura-Nikaya II 33,22–30. Zitiert nach Axel Michaels in: Ulrich Luz/Axel Michaels: Jesus oder Buddha. Leben und Lehre im Vergleich. C.H. Beck Verlag München 2002, S. 153.

Axel Michaels: Der Gott Buddhas und der Gott Jesu

An »Gott« scheiden sich der frühe Buddhismus und das Christentum: Gott, der unbedingte Gott, Herrschaft und Reich Gottes, die kaum trennbare Verbindung von Gericht und Heil, die Naherwartung und die Parusieverzögerung* – all diese Vorstellungen haben im frühen Buddhismus keine Entsprechung. Ich will dennoch aus buddhistischer Sicht einen Versuch der Annäherung an das Konzept des Reiches Gottes wagen.

Halten wir zunächst fest: Der Buddha hat weder gesagt, dass es die Götter wirklich gibt, noch dass es sie nicht gibt. Vor allem hat er aber wenig über ein Reich der Götter gesagt; sie sind in der buddhistischen Lehre in der niedrigsten der Drei Welten, in der vergänglichen Sinnenwelt *(kāmaloka)* angesiedelt. Er hat also nichts über ein Anbrechen von Gottesherrschaft, ob nah oder fern, sagen können und wollen.

Jesus hingegen sah die Gottesherrschaft als bereits angebrochen an. Dadurch ist ein klarer »Diesseitsbezug« gegeben, eine liebende Hinwendung zu den Menschen und der Welt, die der Buddha grundsätzlich, also auch in der Liebe, als vergänglich und daher leidvoll betrachtete. Für Jesus aber war es wesentlich, eine neue Erfahrung Gottes und der Welt zu ermöglichen, in deren Zentrum die Hinwendung zu den Armen und die Erfahrung von Liebe steht.

Doch Gottes Reich ist »in eurer Mitte« (Lk 17,21). Es ist mit Jesus wie ein Senfkorn gegenwärtig.

Eben weil die Gottesherrschaft schon angebrochen ist, weil sie nicht nur fernes Geschehen ist, weil sie in und durch Jesus [...] wirkt, weil sie neue Erfahrung und zugleich der Anbruch des Heils ist, eben deshalb frage ich, ob nicht Gottesherrschaft auch als ganz persönliche Gottesherrschaft zu Lebzeiten zu verstehen ist, als das Befreitwerden, das der Mensch schon in sich hat und zu dem Jesus verhelfen wollte, als Liebe zu anderen, aber auch zu sich selbst, als Abwerfen des benachteiligten, besessenen, dämonischen Teils von sich selbst? Zwar hat Jesus die Gottesherrschaft als »mitten unter euch« (Lk 17,21) – nicht *in* euch! – verkündet, aber er hat auch gesagt, dass sie in einem einzelnen, in ihm selbst verwirklicht worden sei und nicht nur in der Gemeinschaft, im Volk, im Nächsten.

Trotz aller Biegungen und Drehungen: Gott fehlt im Buddhismus, und Jesus verlangte die Hinwendung zu Gott. Muss hier der Buddhismus »passen«? Letztlich wohl ja, allenfalls wenn Gott als Leere *(sunayata)* gedacht (und erfahren) wird, ist im Buddhismus jene Gewissheit und Unbedingtheit da, die für Jesus und das Christentum am Anfang steht. Nur welcher »Gott« dies ist, das ist eine Frage, die sicher unbuddhistisch und wohl auch unchristlich ist.

Axel Michaels in: U. Luz, A. Michaels, Jesus oder Buddha. München 2002, S. 60–62.

** Die ersten Christen erwarteten die Wiederkunft Christi (Parusie) und das Ende der Zeiten noch zu ihren Lebzeiten. Spätere Schriften des Neuen Testaments spenden den Wartenden Trost für die Verzögerung der Parusie.*

Buddhastatue im Dharmikarama Tempel, Malaysia. Foto: dpa.

25 Abrahamitische Religionen: Monotheismus und Trinität

Othmar Keel/Silvia Schroer: JHWH und die Göttinnen

■ *Der Monotheismus wird meist mit dem jüdischen Glauben an JHWH in Verbindung gebracht. Othmar Keel und Silvia Schroer haben in ihren archäologischen Forschungen herausgearbeitet, dass sich im Alten Testament auch Spuren weiblicher Gottheiten finden. Diese Entdeckung wirft ein neues Licht auf den biblischen Monotheismus. Othmar Keel und Silvia Schroer lehren an der theologischen Fakultät in Fribourg/Schweiz. Sie erforschen die altorientalischen und biblischen Schöpfungsvorstellungen auch unter feministischen Aspekten (»Fribourger Schule«).*

Vor und neben dem JHWH-Kult gab es in Palästina zahlreiche Naturgottheiten. Die göttlichen Eigenschaften der Erde wurden in einer erotisch attraktiven Erdgöttin verehrt. Die Erde wird zuweilen als Schoß vorgestellt, aus dem der Mensch geboren wird und in den er wieder zurückkehrt: »Nackt bin ich aus meiner Mutter Leib gekommen, nackt kehre ich dorthin zurück« (Hiob 1,21).
Eine andere Naturgottheit ist »Aschera«. Hebräisch *'elah* bedeutet »mächtiger Baum«, aber auch »Göttin«. Während der gesamten Bronzezeit (ca. 3000–1200 v. Chr.) lässt sich vor allem in Palästina eine enge Verbindung zwischen einer nackt dargestellten Göttin und der Vegetation (Baum, Zweig) nachweisen. Zweige wachsen aus Scham oder Nabel, oder sie verbindet sich mit einem Kultbaum (»Aschere«).
Ruten von grünem Holz gebraucht Jakob, um die Fruchtbarkeit seiner Herdentiere zu fördern (Gen 30,37f.). Auch JHWH kann in einem Baum oder Busch erscheinen (Ex 3,1–5; Dtn 33,16). Brot und Wasser, die Elia zuteil werden, erinnern an die Gaben ägyptischer Baumgöttinnen (1. Kön 19,5).
Der Baumkult wird in den Prophetenbüchern systematisch diffamiert (Hos 4,12f.). Das Deuteronomium verbietet das Pflanzen von »Ascheren«, den laublosen Kultbäumen (Dtn 16,21f.).
Im siebenarmigen Leuchter mögen versteckt der heilige Baum und Baumriten überlebt haben (Menorah ➡ S. 64).
Das Judentum feiert am 15. Sch^e^wat das Neujahr der Bäume *Tu bi' Sch^e^wat,* einem Fest der Bäume und der Natur, an welchem im heutigen Israel Bäume gepflanzt und neue Früchte gegessen werden.

Nach Othmar Keel/Silvia Schroer: Schöpfung. Biblische Theologien im Kontext altorientalischer Religionen. Vandenhoeck & Ruprecht, Göttingen 2002, S. 52ff.

Darstellung der Göttin Aschera oder Astarte. Sie verkörpert weibliche Aspekte des Göttlichen. 2. Jahrtausend v. Chr., Terrakotta, Höhe 10 cm, Jerusalem, Rockefeller-Museum. Foto: dpa.

Johann Figl: Die Abrahamitischen Religionen

■ *Johann Figl (geb. 1945) ist Professor und Vorstand des Instituts für Religionswissenschaft der Katholisch-Theologischen Fakultät der Universität Wien.*

Der jüdische Glaube ist prägnant im *»Sch^e^ma Jisrael«* zusammengefasst: »Höre, Israel, der Herr ist unser Gott, der Herr allein« (Dtn 6,4). Dieser einleitende Vers ist ein Zentrum jüdischer Liturgie geworden; es ist zugleich das tägliche Bekenntnis zu dem einen Gott im privaten Gebet und in wichtigen Situationen des Lebens.
Das monotheistische Bekenntnis ist von Anfang an maßgebend für das Christentum. Jesus antwortet in der Frage nach dem wichtigsten Gebot mit dem Sch^e^ma Jisrael (Mk 12,32). Dieses Bekenntnis verbindet den christlichen Monotheismus mit seiner jüdischen Wurzel und es ist zugleich die Vorgabe für das islamische Einheitsbekenntnis: »Es gibt keinen Gott außer Allah …«
Die Differenzen der drei Religionen ergeben sich aus den Hinzufügungen: Das islamische Glaubensbekenntnis *(Schahada)* lautet im zweiten Teil: »… und Muhammad ist Gesandter Gottes *(rasul Allah)*«. Und im Neuen Testament ist eine der ›Kurzformeln‹: »Das ist das ewige Leben: dich, den einzigen wahren Gott zu erkennen und Jesus Christus, den du gesandt hast« (Joh 3,17).
Die wohl wichtigste Differenz ergibt sich jedoch durch den Trinitätsglauben des Christentums.

Nach J. Figl, Gott – monotheistisch, in: ders. Handbuch Religionswissenschaft. Religionen und ihre zentralen Themen. Wissenschaftliche Buchgesellschaft, Darmstadt 2003, S. 545–555.

➡ *S. 65: Trinität aus jüdischer Sicht*

Hans-Martin Barth: Trinität

■ *Trinität ist für den Theologen Hans-Martin Barth ein Strukturmodell für das Verständnis der Begegnung zwischen dem Absoluten und dem Relativen. Drei Momente kennzeichnen nach Barth die Beziehung von Absolutem und Relativem: das Absolute selbst, das Absolute in der Gestalt des Relativen und die Inspiration, das Absolute in der Gestalt des Relativen zu identifizieren.*

Diese Grundstruktur scheint mir für jede Religion zu gelten. Es wird belegt durch das Bedürfnis zur Binnendifferenzierung zwischen Gott, der Sch[e]china und dem Geist im Judentum, zwischen Allah, dem Koran und Muhammad im Islam, zwischen Brahman und dessen Manifestationen in den Devas (Gottheiten) und den Bodhisattvas (Erleuchteten) im Mahayana-Buddhismus. Im Blick auf das christliche Bekenntnis heißt das: Gott, der Absolute, der »Vater«, gibt sich unter den Bedingungen der Relativität zu erkennen als der »Sohn«, eine Erkenntnis, die nur gewonnen werden kann durch das Wirken, welches das Absolute mit dem Relativen zu identifizieren vermag – den »Geist«.

Hans-Martin Barth: Dogmatik. Evangelischer Glaube im Kontext der Weltreligionen. Ein Lehrbuch, Edition Chr. Kaiser im Gütersloher Verlagshaus, Gütersloh, 2. Aufl. 2002, S. 337f.

O ihr Leute des Buches, übertreibt nicht in eurer Religion und sagt über Gott nur die Wahrheit. Christus Jesus, der Sohn Marias, ist doch nur der Gesandte Gottes und sein Wort, das Er zu Maria hinüberbrachte, und ein Geist von Ihm. So glaubt an Gott und seine Gesandten. Und sagt nicht: Drei (d.h. drei Götter). [...] Hört auf, das ist besser für euch. Gott ist doch ein einziger Gott [...] erhaben ist Er darüber, dass Er ein Kind habe [...]

Sure 4,171

Ungläubig sind diejenigen, die sagen: »Gott ist Christus, der Sohn Marias« [...] Wer Gott (andere) beigesellt, dem verwehrt Gott das Paradies [...] Ungläubig sind diejenigen, die sagen: »Gott ist der Dritte von Dreien«, wo es doch keinen Gott gibt außer dem einen Gott. Verflucht wurden diejenigen von den Kindern Israels, die ungläubig waren durch den Mund Davids und Jesu, des Sohnes Marias [...]

Sure 5,72ff.

Der Koran, erschlossen und kommentiert von Adel Theodor Khoury, Patmos Verlag, Düsseldorf 2005.

Chung Hyun Kyung: Komm, Ruach

■ *Die koreanische Theologin Chung Hyun Kyung hielt auf der Vollversammlung des Ökumenischen Rats der Kirchen in Canberra (Kanada) 1991 eine Rede, die weltweit großes Aufsehen erregte. Sie trat darin für eine Verbindung des christlichen Glaubens mit dem Ahnenglauben ihrer Heimat ein. Dem Thema der Versammlung »Komm Heiliger Geist, erneuere die ganze Schöpfung« entsprechend, rief sie in einem Gebet den biblischen Geist (hebr. Ruach) als Geist der Versöhnung und Befreiung an.*

Komm, Ruach Hagars, einer Ägypterin, einer schwarzen Magd, die von Abraham und Sara, unseren Vorfahren im Glauben, ausgebeutet und verlassen wurde [...]
Komm, Ruach der Urvölker der Erde, die dem Völkermord in der Kolonialzeit und in der Epoche der großen christlichen Heidenmission zum Opfer fielen [...]
Komm, Ruach der Juden, die im Holocaust in den Gaskammern ermordet wurden.
Komm, Ruach von Mahatma Gandhi [...]
Komm, Ruach von Erde, Luft und Wasser, von menschlicher Geldgier vergewaltigt, gefoltert und ausgebeutet.
Komm, Ruach des Befreiers, unseres Bruders Jesus, der am Kreuz gefoltert und getötet wurde.

Beitrag der koreanischen Theologin Chung Hyun Kyung in Canberra 1991, zit. n. Hans-Martin Barth: Dogmatik. Evangelischer Glaube im Kontext der Weltreligionen. Ein Lehrbuch, Edition Chr. Kaiser im Gütersloher Verlagshaus, Gütersloh, 2. Aufl. 2002, S. 46.

Die 99 Namen Gottes. Islamische Miniatur, 1709. In den Blütenblättern von Rosen und Nelken verstecken sich die 99 schönsten Namen Gottes (rechts oben) und die vielen Namen Muhammads (links oben). Die Knospen (unten) erinnern an die ersten Gefährten des Propheten. So ist dieses Blumenblatt ein schmuckvolles Zeugnis islamischen Glaubens. Aus: Der Koran erschlossen und kommentiert von Adel Theodor Khoury. Patmos Verlag, Düsseldorf 2005, S. 69.

G Menschenbilder

Was meinen wir, wenn wir »Ich« sagen oder »Selbst«? Wir schätzen die Individualität und sehen den Menschen als Konstrukt aus Leib, Seele und Geist. Können wir etwas anderes denken? Der Block untersucht drei Aspekte: 1. Menschenbilder: Irritierend, aber auch anregend mag es sein, wenn unser abendländisches Menschenbild in Frage gestellt wird dadurch, dass der Mensch in einem ganz anderen Denksystem mit anderen Kategorien beschrieben wird. Damit beschäftigen sich die beiden ersten Themenabschnitte. – 2. Erlösung und Glück: Die Gedanken über den Tod und über eine postmortale Existenz (›Nirvana‹; ›Paradies‹) spiegeln immer auch die Vorstellungen über das Wesen des Menschen. Spannend ist dabei, Verbindendes und Strittiges zwischen den abrahamitischen Religionen zu diskutieren, wie z.B die Bemühung des kleinen und großen Dschihad als Weg ins Paradies. – 3. Gender und Religion: Adam und Eva werden in den abrahamitischen Religionen als ›Modelle vom Menschsein‹ aufgefasst. Dieses Kapitel befasst sich mit jüdischen, islamischen und christlichen Deutungen dieser prototypischen Figuren und dem Rollenverständnis von Mann und Frau in anderen Religionen.

26 Buddhismus: Das Selbst und die Faktoren des Menschseins

Ole Vedfelt: Westliches und östliches Bewusstsein. Religionspsychologie

■ *Bewusstsein haben wir alle. Es zeichnet uns in unserem Menschsein aus. Es birgt unerschöpfliche Möglichkeiten, von denen wir nur einen Bruchteil ausnutzen. Die Beschäftigung mit anderen Religionen und Kulturen bereichert und erweitert unser Bewusstsein. In seiner psychologischen Analyse des menschlichen Bewusstseins beschäftigt sich der dänische Psychotherapeut Ole Vedfelt auch mit religiösen Erfahrungen aus dem Buddhismus und stellt diese westlichen Denkvorstellungen gegenüber.*

Ein wesentlicher Unterschied zwischen der fernöstlichen und der westlichen Denkweise besteht darin, dass die religiösen Dimensionen des Daseins im Fernen Osten als erfahrbar erlebt werden und nicht als dogmatische Glaubenssätze gelten. Im Westen war das Geistige ein Thema für Theologie und Dogmatik. Im Osten findet man darüber hinaus eine lange Tradition der spirituellen Schulung und die systematische Beschäftigung mit religiösen Erfahrungen als Bewusstseinsphänomenen. Buddha machte sich zum Fürsprecher einer Versöhnung der direkten geistigen, durch meditative Praxis gewonnenen Erfahrung mit dem intellektuellen Verstehen, obwohl er wusste, dass es schwierig sei, beide Bereiche zu beherrschen.
Im modernen Westen erkennt man nur einen spezifischen Geisteszustand als bewusst an, nämlich das wache, realitätsorientierte Alltagsdenken. Im Fernen Osten unterscheidet man dagegen zwischen einer Reihe von Bewusstseinszuständen und -stufen, die jeweils ihre eigene Funktion erfüllen und die zu erforschen sich lohnt. Im tibetanischen Yoga rechnet man mit sechs verschiedenen Bewusstseinszuständen, die man Bardos nennt: dem wachen Normalbewusstsein, dem Traumbewusstsein, dem Zustand tiefer Meditation sowie mit drei weiteren Bardos, die mit dem Todeserlebnis zu tun haben, nämlich dem Zustand im Todesaugenblick, dem Zustand des »Erlebens der Wirklichkeit« und dem »Bewusstseinszustand der Wiedergeburt«. Im Todesaugenblick hat man die Möglichkeit, das Bewusstseinspotential gerade dieser einzigartigen psychologischen und physiologischen Situation auszunutzen und einen besonders hohen Bewusstseinszustand zu erreichen.
In den letzten Jahrzehnten hat sich die psychologische Forschung eingehend mit der Psychologie des Todeserlebnisses und mit Nah-Tod-Erfahrungen befasst und bestätigt die im Yoga gemachten einschlägigen Erfahrungen, wobei die Tibetaner diese Bewusstseinsbereiche weitaus differenzierter sehen als wir. […]
Die »höheren« Ebenen gelten als die wertvollsten. Die Ebenen fügen sich in Hierarchien ein, bei denen die jeweils nächste Ebene die unter ihr liegenden einschließt und steuert. Das extrovertierte, realitätsorientierte Alltagsbewusstsein, das im modernen Westen als höchste Stufe von Bewusstsein gilt, wird als niedrige Bewusstseinsebene begriffen. Der Yogi hat festgestellt, dass es möglich ist, einen Bewusstseinssprung auf die höheren Stufen zu vollziehen, wo der Meditierende auf andere Daseinsebenen gelangt und sich sogar als im Besitz übernatürlicher Fähigkeiten erlebt. Dabei kann es sich um die Fähigkeit zu fliegen, sich unsichtbar zu machen, hellsehen zu können, Gewalt über andere zu erlangen usw. handeln. Der Yogi sollte nach Vorgabe der klassischen Texte diese »Versuchungen« allerdings meiden. Anders als in den Naturreligionen besteht das Ideal nicht darin, die so erlangten Fähigkeiten in der magischen Beeinflussung der materiellen Welt einzusetzen, sondern die Energie soll gesammelt werden, damit sie den Ansatz für neue Bewusstseinsdurchbrüche bilden kann.

Ole Vedfelt: Bewusstsein. Grundlagen, Theorien, Entwicklungen, Walter Verlag, Düsseldorf 2000, S. 40f. 307.

Laotse: Das TAO

■ *Im Taoismus findet sich das religiöse Erbe des alten China und die Lehren des Lao-tse (»alter Meister«) aus dem 6. Jh. v. Chr. Er umfasst magische Volksbräuche und die mystische Suche nach dem Tao (sprich ›Dau‹, wörtlich »Weg, Sinn«). Altes Erfahrungswissen über die Natur und den Menschen konzentriert sich auf das Qi, die wesentliche Energie, sowie auf die gegensätzlichen, aber miteinander verflochtenen Prinzipien Yin und Yang. Der Tao wurde vor allem durch Richard Wilhelm und C. G. Jung im Westen bekannt und prägt heute auch unsere Vorstellung von Gesundheit, Sport und Wohnen (z. B. Tai Chi).*

Auf der ganzen Welt gibt es nichts Weicheres und Schwächeres als das Wasser.
Und doch in der Art, wie es dem Harten zusetzt, kommt ihm nichts gleich.
Es kann durch nichts verändert werden.
Dass Schwaches das Starke besiegt, und Weiches das Harte besiegt,
weiß jedermann auf Erden,
aber niemand vermag danach zu handeln.

Laotse: Tao te king. Texte und Kommentar. Diederichs Verlag, Düsseldorf 1994, S. 121 Nr. 78. *(➡ S. 79)*

Körperübungen des Tai Chi. Die Figuren im Vordergrund wurden auf einem Hangrab aus dem 2. Jh. v. Chr. gefunden.
Peter B. Clarke, Atlas der Weltreligionen. Frederking & Thaler, München 1995, S. 186. Foto: Sally & Richard Greenhill, Liverpool.

Buddhistisches Menschenbild. Die fünf Skandhas

In einer der ältesten Reden spricht der Buddha von fünf vergänglichen »Daseinsfaktoren« (»skandhas«): 1. »Form und Körper«, 2. »Empfindung«, 3. »Bewusstsein/Wahrnehmung«, 4. »Willensakte« und 5. »geistiges Bewusstsein«. Alle diese Skandhas bedingen leidens- und damit erlösungsfähige Wesen, aber sie sind nicht deren Selbst, denn sie sind unbeständig, leidhaft und an den Wechsel gebunden. Alles Bedingte bzw. Existierende hat drei Merkmale: es ist vergänglich (anitya), leidvoll (duhkha) und nicht das Selbst (anatman). Von daher versteht der Buddhismus das Leben als Leiden und als Erkenntnis des Nichtbedingten (vgl. S. 5).
Demnach gibt es im ursprünglichen Buddhismus kein Selbst, keine Seele, nur einen Fluss von wechselnden, kurzfristig sich zusammenschließenden Daseinsfaktoren. Sie gleichen aufeinander getürmten Würfeln: Jeder bedingt funktionell den nächst höheren, aber sie sind nicht identisch, so wenig wie die Perlen einer Kette, die durch einen Faden verbunden sind.
Der Begriff »Selbst« kann ein Synonym für das Ich oder für das Innere sein. C. G. Jung etwa übernahm den Begriff »Selbst« aus Indien (Hinduismus). Das Selbst war für ihn der ewige Grund und die Ursache allen Seins und Nichtseins.

Der Mönch Vacchagotta fragt den Erhabenen: »Gibt es, oh Gotama, einen Atman, ein wahres Selbst?« So angeredet, verharrt der Erhabene in Schweigen. [Da fragt V. erneut:] »Also gibt es, Gotama, kein wahres Selbst?« Erneut verharrte der Erhabene in Schweigen. Da erhob sich der Mönch Vacchagotta von seinem Sitz und ging weg. Danach fragt Ananda den Buddha, warum er die Fragen nicht beantwortet habe. Der Buddha sagt: »Wenn ich, Ananda, auf die Frage des Mönches Vacchagotta ›Gibt es ein Selbst?‹ geantwortet hätte: ›Es gibt ein Selbst‹, dann hätte ich für die Asketen und Brahmanen Partei ergriffen, die die Ewigkeitslehre vertreten. Wenn ich nun, Ananda, auf die Frage des Mönches Vacchagotta ›Gibt es kein Selbst?‹ geantwortet hätte: ›Es gibt kein Selbst‹, dann hätte ich für die Asketen und Brahmanen Partei ergriffen, die die Vernichtungslehre vertreten. Und wenn ich nun, Ananda, auf die Frage des Mönches Vacchagotta ›Gibt es ein Selbst?‹ geantwortet hätte: ›Es gibt ein Selbst‹, würde das mit meinem Wissen übereinstimmen, dass alle Dharmas ohne Selbst sind?«
»Gewiss nicht, Herr!« [antwortet Ananda].
»Und wenn ich schließlich, Ananda, auf die Frage des Mönches Vacchagotta ›Gibt es kein Selbst?‹ geantwortet hätte: ›Es gibt kein Selbst‹, so würde das den schon verwirrten Vacchagotta in eine noch größere Verwirrung gestürzt haben, denn er würde gedacht haben: Früher besaß ich doch einen Atman, aber jetzt habe ich keinen mehr.«

Zitiert nach Axel Michaels, in: Ulrich Luz/Axel Michaels: Jesus oder Buddha. Leben und Lehre im Vergleich; C.H. Beck Verlag, München 2002, S. 63f.

Axel Michaels:
Man ist nicht ein Selbst und man hat nicht ein Selbst

■ *Axel Michaels ist Indologe und Religionswissenschaftler in Heidelberg.*

Alle buddhistischen Schulen anerkennen, dass es im alltäglichen Leben und Bewusstsein seiner selbst ein Ich und ein Selbst gibt. Aber das Selbst der Alltagserfahrung ist höchst trügerisch, vor allem, wenn man es als Geist, Bewusstsein oder Seele auffasst. Der Buddha meinte, da wäre es noch besser, den Körper als Selbst zu nehmen, denn der verändere sich weniger schnell als der Geist. [...]
Auf den ersten Blick ist die buddhistische Lehre vom Nichtselbst befremdlich, und die buddhistischen Erklärungen helfen wegen ihrer fremden Terminologie nicht jedem weiter. Aber wenn die Begriffe »Selbst«, »Individuum« oder »Ich« philosophiegeschichtlich reflektiert werden, dann gerät auch die abendländische Vorstellung vom Selbst ins Wanken. Denn das Gefühl von personaler Identität ist keineswegs so sicher, wie man es zu empfinden meint. Man ist nicht ein Selbst, und man hat nicht ein Selbst. Wer könnte es denn sein, und wer könnte es haben? Das Selbst selbst? Und was könnte dieses Selbst denn anderes sein als das, womit es benannt wird, wodurch es charakterisiert ist? In der abendländischen Philosophie hat man diesem Selbst aber eine Substanz oder Essenz zugeschrieben. Man unterschied *esse morale* und *esse rationale* von *esse naturale*. Es sind erst diese Setzungen, die die für das Abendland typischen Dichotomien ermöglichen: Geist–Materie, Subjekt–Objekt, Mensch–Natur, Freiheit–Determination, die aber im Buddhismus nur wenig Sinn machen. Denn dort gehört auch das Selbst bzw. die Seele zur Veränderlichkeit des Körpers. Dies beruht weitgehend auf der Vorstellung, dass die Seele eine feinstoffliche Substanz hat. Sobald man aber die Seele nicht mehr der Endlichkeit des Körpers gegenüberstellt, sondern zu ihm rechnet, ist einleuchtend, dass sie (das Selbst) nicht das Heil sein kann – das Heil einer unsterblichen und unvergänglichen Existenz.

Axel Michaels, in: Ulrich Luz/Axel Michaels: Jesus oder Buddha. Leben und Lehre im Vergleich, C.H. Beck Verlag, München 2002, S. 63–72.

»Ist das Nirvana Glück?« fragte einmal der Mönch Udayi. Sariputta antwortete daraufhin: »Lieber Freund, Nirvana ist Glück, Nirvana ist Glück.« Ungläubig fragte Udayi zurück: »Aber Freund Sariputta, was kann das für ein Glück sein, wenn es nicht mehr gefühlt werden kann?« Darauf Sariputta: »Gerade das ist ja das Glück, dass es kein Empfinden mehr gibt.«

Anguttara-Nikaya IV, 4.14. zit. nach: Ulrich Luz/Axel Michaels, Jesus oder Buddha. Leben und Lehre im Vergleich, C.H. Beck Verlag, München 20002, S. 74ff.

Nirvana ist weder ein Kommen noch ein Gehen, noch ein Stillestehen, weder ein Geborenwerden noch Sterben. Es ist ohne jede Grundlage, ohne Entwicklung, ohne Stützpunkt: das eben ist das Ende des Leidens.

Udana VIII, 3, zit. nach: Hans Martin Barth: Dogmatik. Evangelischer Glaube im Kontext der Weltreligionen. Ein Lehrbuch. Edition Chr. Kaiser im Gütersloher Verlagshaus, Gütersloh, 2. Aufl. 2002, S. 764.

Buddha geht ins Nirvana ein. Liegende Skulptur.

Ulrich Luz:
Das wahre Leben. Buddha und Jesus

Der Neutestamentler Ulrich Luz meint, »gerade bei der Frage nach dem »Selbst« gibt es besonders viele Berührungen zwischen Christentum und Buddhismus. Er hat sich in Kyoto/Japan intensiv mit dem christlich-buddhistischen Dialog befasst. »Ich weiß wohl, dass die westliche Moderne ständig von ›Selbstverwirklichung, Selbstbehauptung, Selbstdarstellung, Selbstbestimmung, Selbstvertrauen‹ redet. Aber wie »christlich geprägt« ist diese Moderne, wenn sie das ›Selbst‹ für ihr ›Liebstes‹ hält?«

Nehmen wir an, Buddha hätte Jesus getroffen und ihn gefragt, was er über das Selbst denke. Die Szene ist absurd, weil es in Jesu Muttersprache gar kein Wort dafür gibt. Die Szene muss also so beginnen, dass ihm der Dolmetscher Buddhas Frage umständlich erklären muss. Trotz aller Erklärungen hat Jesus sie immer noch nicht verstanden. Buddha, weise und gewandt im Umgang mit Fremden, fragt noch einmal: »Junger Mann, was bist denn Du?« – Jesus antwortete: »Ehrwürdiger fremder Rabbi, ich bin Fleisch.« – Der Dolmetscher, ein philosophisch versierter Jude, erklärt: »Er meint, dass er Geschöpf Gottes ist, ein Körper voller Leben, Mitgeschöpf und Mitmensch.«
Buddha fragte: »Junger Mann, was ist denn Leben?« Jesus aber wollte sich nicht auf eine Diskussion mit dem fremden Heiligen einlassen. Um das Gespräch zu Ende zu bringen, antwortete er mit einem jener geschliffenen Worte, die er gerne brauchte, weil er wusste, dass seine Gesprächspartner meistens nichts mehr darauf antworten mochten: »Wer sich sein Leben verschaffen will, wird es verlieren; wer es aber verliert, wird es bewahren« (Lk 17,33).
Wir kennen den ursprünglichen Kontext, für den Jesus dieses Wort brauchte, nicht mehr. [...] Vielleicht sagte er es zu Menschen wie dem reichen Kornbauern, dessen Geschichte in Lk 12,16–21 überliefert ist, zu Menschen also, bei denen der Tod die Planung von Gewinn unterbrechen wird. Vielleicht sagte er es zu seinen Jüngern, als sie unterwegs nach Jerusalem waren und ahnten, dass für ihren Meister und für sie selbst diese Reise die letzte sein könnte. Wenn ihn dann seine Jünger gefragt hätten, was für ein Leben er denn meine, das er zu bewahren hoffe, so hätte er wohl mit einem Hinweis auf das Leben im Gottesreich geantwortet. [...] Es gibt also bei Jesus sehr wohl etwas Analoges zur buddhistischen Frage nach dem Selbst. Aber es geht bei ihm nicht um die abstrakte Frage nach dem »Selbst«. Vielmehr geht es bei ihm immer wieder um das »Leben«. »Leben« ist konkret, eingebettet in soziale Beziehungen. Leben bedeutet Gesundheit, Reichtum, Macht.
Jesus weiß, dass man in diesem Sinn Leben loslassen muss, um wahres Leben, das der Gottesherrschaft entspricht, zu gewinnen. Sicher denkt er dabei auch an das, was wir heute »ewiges« Leben nennen, aber die Ewigkeit der Gottesherrschaft beginnt für ihn schon in der Gegenwart. Im Unterschied zu Buddha reflektiert er wenig über die Ursachen des Leidens. Die Analogie besteht vielmehr darin, dass es bei Jesus wie bei Buddha um ein Loslassen von Leben geht, das nicht wahres Leben ist. Eine weitere Entsprechung besteht auch darin, dass die Frage nach dem wahren Leben nicht dadurch gelöst werden kann, dass man seine theoretische Meinung über das Leben ändert, sondern nur so, dass man sein Leben ändert.
Über Jesus hinaus sehe ich im Frühchristentum vor allem bei Paulus Berührungen mit Buddha. Paulus eignet sich für den Vergleich mit Buddha darum besonders gut, weil wir bei ihm einen ähnlich hohen Grad von Individualisierung finden wie bei Buddha und eine ebenso hohe abstrakte Reflexionsfähigkeit. Berührungen mit Buddha sehe ich besonders bei seiner »mystischen« Interpretation der Taufe und des christlichen Lebens. Ein buddhistischen Aussagen sehr nahe kommender und sich zugleich von ihnen unterscheidender Kerntext ist Gal 2,19f.

Ulrich Luz, Das wahre Leben, in: Ulrich Luz/Axel Michaels, Jesus oder Buddha. Leben und Lehre im Vergleich, C.H. Beck Verlag, München 20002, S. 74ff.

27 Erlösung und Glück

Theo Sundermeier: Ein buddhistischer Bestattungsritus

■ *Der folgende Bericht aus Nordostthailand zeigt, wie sich Buddhismus und Volksfrömmigkeit mischen können. Die buddhistischen Mönche zelebrieren Rituale der primären Religion Thailands. Die Riten widersprechen zwar buddhistischer Lehre, folgen aber den drei klassischen Phasen der »Rites de passage«: 1. Herausführung des Toten aus dem bisherigen Lebenszusammenhang, 2. Übergang (Zwischenzustand), 3. Einführung in das neue Leben.*

Nach dem Eintreten des Todes wird der Leichnam »gereinigt«, d.h. die Haare werden ihm geschoren, sein Körper wird symbolisch »gebadet«, indem ihm Wasser über Hände und Füße gegossen wird. Er bekommt neue Kleider. Die Familienmitglieder müssen dem Verstorbenen diesen Dienst leisten, denn damit [...] zollen sie ihm Respekt und bitten ihn um Vergebung. Auf diese Weise wird die Seele des Verstorbenen auf seine Reise zum Himmel vorbereitet, sagt man.

Die Hände und Füße werden zusammengebunden, er wird in Schlafhaltung auf eine Matte gelegt. Ein Geldstück wird ihm in den Mund gelegt. Blumen und Kerzen (jeweils paarweise), aber auch zwei Geldscheine werden ihm in die zur Andachtshaltung zusammengelegten Hände gedrückt, mit denen er den Buddha im Himmel verehren soll. Mit dem Geld soll er sich den Weg zum Himmel freikaufen, heißt es. Während die Schlafmatten im Haus gewöhnlich so gestellt werden, dass der Kopf nach Osten zeigt, wird der Tote mit dem Kopf nach Westen aufgebahrt, denn der »Westen ist die Richtung des Todes«. Die Leiche wird im Zentrum des großen Hauses aufgebahrt, im Schlafzimmer, das sonst tabu ist für jeden Außenstehenden, jetzt aber von allen betreten werden darf. Der Tod verändert die bestehende Ordnung und durchbricht sonst gültige Tabus. In der Nähe des Kopfes werden verschiedene Gegenstände niedergelegt, die der Verstorbene zu Lebzeiten benutzt hat: seine Matratze und seine Schlafdecke, beides wird später mitverbrannt; ein Korb mit Reis und Fisch – »damit die Seele essen kann«; ein Wasserbehälter – »damit sie trinken kann«; Kleidungsstücke, »die der Verstorbene im Himmel tragen soll«, u. a. m. Die Sitte, die Augen und den Mund des Verstorbenen mit Wachs zu verschließen, erhält eine überraschende Deutung: »Das soll die Hinterbliebenen daran hindern, ihr Interesse am Leben zu verlieren. Denn sie wissen, dass sie schließlich in gleicher Weise sterben werden«.

Während die Frauen die Mahlzeit für die Gäste vorbereiten, gehen die jungen Männer in den Wald und schlagen das Holz für die Kremation. Sie dürfen erst wieder in die Häuser zurückkehren, wenn die Leiche verbrannt ist, sonst, heißt es, würden sie Krankheiten ins Haus holen. Am späten Vormittag kommen die Mönche und Novizen. Nachdem sie eine Mahlzeit zu sich genommen haben, beginnen sie Sutren [Lehrreden Buddhas] zu singen, die die Verdienste des Toten anwachsen lassen und die Folgen seiner bösen Taten mildern sollen. Das Singen ist als solches verdienstvoll und kommt Lebenden und Toten zugute. [...] Die Mönche haben die Stelle der Priester eingenommen, sie »zeigen den Weg zum Himmel«, heißt es jetzt. Unterwegs wird Puffreis auf den Weg gestreut. Er soll die Geister der Verstorbenen anlocken, sodass sie nicht das Dorf belästigen, wird zur Erläuterung gesagt. Am Friedhof, der nahe beim Tempel liegt, warten weitere Mönche, um die Kremation mit ihren Gesängen zu begleiten. Während der Sarg aus dem Haus getragen wird, die Füße stets nach Westen weisend, werden im Haus alle Wassergeräte ausgeleert und die Hausleiter wird umgekehrt hingestellt, ein auffällig inversives Verhalten.

Den Sargträgern werden Kerzen und Blumen ausgeteilt, mit denen sie auf dem Friedhof den Toten ehren, damit sein Geist ihnen keinen Harm antut. Mönche führen die Prozession an. Ehe die Leiche auf dem von den jungen Männern errichteten Holzstapel gelegt wird, bewegt sich die Prozession inversiv zum normalen Ritus dreimal gegen den Uhrzeigersinn um den Holzstapel.

Ein weißes Tuch, mit dem der Sarg ursprünglich zugedeckt war, wird dreimal über den Stapel geworfen und dann den Mönchen gegeben. Während diese ihre Sutren intonieren, gibt man ihnen kleine Geschenke, Nüsse, Tabak und Geld. Noch einmal wird der Tote gewaschen, indem etwas Kokosmilch und duftendes Wasser über sein Gesicht und den Körper gegossen wird. Dazu spricht man: »Wenn du wiedergeboren wirst, bring keine Krankheiten mit Dir. Du sollst im nächsten Leben keinen Hunger haben, sondern reich sein«. Bevor die eigentliche Verbrennung beginnt, verlassen die meisten Mönche, denen man noch einmal Geschenke überreicht, den Platz. Nur wenige bleiben zurück und singen, während das Feuer angezündet wird. Während das Feuer noch brennt, geht man nach Hause, jedoch nicht ohne vorher noch kurz im Tempel eingekehrt zu sein. Erst danach kann man zu Hause eine Mahlzeit einnehmen. Abends kommen noch einmal die Mönche. Sie singen Abwehrsutren, die den Geist hindern sollen, mit Krankheiten ins Haus zurückzukommen.

Theo Sundermeier, Was ist Religion? Religionswissenschaft im theologischen Kontext. Ein Studienbuch, Gütersloher Verlagshaus, Gütersloh 1999, S. 167f.

Rites de Passage

Trennungsrituale bei Tod und Begräbnis sind Teil der Übergansriten, welche der Ethnologe Arnold van Gennep untersucht und 1909 mit dem Begriff »rites de passage« bezeichnet hat. Diese Riten begleiten in kritischen Lebensphasen den Übergang von einem alten Zustand und sozialen Status in einen neuen. Solche krisenhaften Einschnitte im Lebenszyklus sind Schwangerschaft, Geburt, Jugendinitiation, Verlobung, Heirat, Tod und Begräbnis. Die Menschen bewegen sich in Raum und Zeit, wechseln Orte, Lebensphasen, Status, Beruf. Diese Veränderungen verunsichern und gefährden die soziale Ordnung. Riten begleiten und stabilisieren solche Übergänge.

Nach Anton Quack, Heiler, Hexer und Schamanen. Die Religion der Stammeskulturen. Darmstadt 2004, S. 30f.

Die sechsarmige weibliche Gottheit Sridevi ist die höchste Wesenheit des Lamaismus und Beschützerin der Dalais. Sie reitet seitlich mit gefesselten Füßen auf einem Maultier über einen Blutsee, wobei ihr eine Menschenhaut als Satteldecke dient. Die Todessymbolik – etwa die Leiche in ihrer rechten Hand – mahnt, den Tod nicht zu vergessen und Verdienste und geistige Schätze zu sammeln, um die Erlösung im Nirvana zu erlangen. Kloster Trakthok, Tibet.

Lutz Richter-Bernburg: Der Dschihad und der Weg der Toten im Islam

■ *Lutz Richter-Bernburg ist Professor für Islamkunde am Orientalischen Seminar der Universität Tübingen.*

Das Wort Dschihad hat zwei verschiedene Bedeutungen. Es bedeutet zunächst ganz grundsätzlich Anstrengung, Bemühung. Aber genauso gut bedeutet es bewaffneten Kampf.
Die erste Bedeutung des Dschihad wird u. a. im täglichen Gebet und in der Vorbereitung auf den Tod sichtbar. Das Wissen um die Unausweichlichkeit des Todes ist dem frommen Muslim unaufhörliche Mahnung. Fünfmal am Tag spricht er im Rahmen des Pflichtgebets: »Bei der flüchtigen Zeit! Wahrlich, der Mensch ist verloren, außer jenen, die glauben und Gutes tun und sich gegenseitig zur Wahrheitsliebe anspornen und einander zum Ausharren mahnen«.
Der Muslim hat klare Vorstellungen davon, was ihn im Tod erwarten wird. Der Todesengel wird seine Seele vom Körper trennen und in den Himmel bringen. Wenn er zu den Gerechten gehört, wird er darüber aufgeklärt; die Seele kehrt anschließend wieder in den Körper zurück. Ist das Ergebnis negativ, so beginnen unmittelbar nach der Rückkehr auf die Erde die Qualen an einem vorläufigen Sammelpunkt der Verdammten. Auf dieses so genannte Zwischengericht im Himmel folgt eine Befragung im Grab: Wer ist dein Gott? Wer ist dein Prophet? Was ist deine Religion? Wohin zeigt deine Gebetsrichtung? – Kann der Verstorbene im Sinne des Islam richtig antworten, so erfährt er, vermittelt durch zwei Engel, Trost und Verheißung. Kennt er die richtigen Antworten nicht, so wird er von zwei anderen Engeln geschlagen und gepeinigt. Bis zum Jüngsten Tag gilt es sodann – in einer Art Tiefschlaf – zu warten; dann erst erfolgt das endgültige Urteil.

Lutz Richter-Bernburg, in: Welt und Umwelt der Bibel 3/2003, S. 42f.

Das Paradies. Sure 56

Im Namen Gottes, des Erbarmers, des Barmherzigen.
[1] Wenn die Stunde eintrifft, die eintreffen wird [2] – es gibt niemanden, der ihr Eintreffen leugnen könnte –, [3] wird sie einiges niedrig machen und einiges erhöhen. [4] Wenn die Erde heftig geschüttelt wird [5] und die Berge völlig zertrümmert werden [6] und zu verstreutem Staub werden, [7] und ihr in drei Gruppen aufgeteilt werdet.
[8] Die von der rechten Seite – was sind die von der rechten Seite? [9] Und die von der unglückseligen Seite? [10] Und die Allerersten, ja sie werden die Allerersten sein. [11] Das sind die, die in der Nähe (Gottes) zugelassen werden, [12] in den Gärten der Wonne. [13] Eine große Schar von den Früheren [14] und wenige von den Späteren. [15] Auf durchwobenen Betten [16] legen sie sich einander gegenüber. [17] Unter ihnen machen ewig junge Knaben die Runde [18] mit Humpen und Krügen und einem Becher aus einem Quell, [19] von dem sie weder Kopfweh bekommen noch sich berauschen, [20] und mit Früchten von dem, was sie sich auswählen, [21] und Fleisch von Geflügel von dem, was sie begehren. [22] Und darin sind großäugige Huri*, [23] gleich wohlverwahrten Perlen. [24] Dies als Lohn für das, was sie zu tun pflegten. [25] Sie hören darin keine unbedachte Rede und nichts Sündhaftes, [26] sondern nur das Wort »Friede! Friede!« [27] Die von der rechten Seite – was sind die von der rechten Seite? [28] Sie sind unter Zizyphusbäumen ohne Dornen [29] und übereinander gereihten Bananen [30] und ausgestreckten Schatten, [31] an Wasser, das sich ergießt, [32] mit vielen Früchten, [33] die weder aufhören noch verwehrt sind [...]
[41] Und die von der linken Seite – was sind die von der linken Seite? [42] Sie sind in glühendem Wind und heißem Wasser, [43] und im Schatten aus schwarzem Rauch, [44] der weder kühl noch trefflich ist. [45] Sie lebten ja vordem üppig [46] und verharrten in der gewaltigen Untreue. [47] Und sie sagten: »Wenn wir gestorben und zu Staub und Knochen geworden sind, sollen wir dann wirklich auferweckt werden?«

Sure 56, 1–32. 41–47 nach der Übersetzung von Adel Theodor Khoury, Gütersloher Verlagshaus in der Verlagsgruppe Random House, Gütersloh 2004. ➡ *Mt 25,31ff. und Lk 16,19ff.*

** Das Wort »huri« bedeutet ursprünglich »weiße«. Damit sind weiße Trauben gemeint. Diese verkörpern paradiesisches Wohlleben. Die spätere Deutung »weiße Jungfrauen« ist eine Fehldeutung. Männliche erotische Projektionen haben sich an den huris – ähnlich wie an Eva – festgemacht.*

Islamische Charta

In der »Islamischen Charta«, die der Zentralrat der Muslime ein Jahr nach den Attentaten vom 11. September 2001 veröffentlicht hat, bekennen sich die Muslime zum deutschen Grundgesetz und zur Religionsfreiheit. Die Charta umfasst 21 Punkte. In einer Stellungnahme der EKD zur Charta heißt es: »Dieses Dokument ist sehr bemerkenswert, da nicht nur erstmalig versucht wird, eine muslimische Identität gegenüber der deutschen Mehrheitsgesellschaft zu formulieren und öffentlich zu präsentieren, sondern gleichzeitig auch ein Schritt in die Richtung eines europäischen Islam unternommen wird.«

1. Der Islam ist die Religion des Friedens.
2. Wir glauben an den barmherzigen Gott.
3. Der Koran ist die verbale Offenbarung Gottes.
4. Wir glauben an die Propheten des Einen Gottes.
5. Der Mensch muss am Jüngsten Tag Rechenschaft ablegen.
6. Der Muslim und die Muslima haben die gleiche Lebensaufgabe.
7. Die fünf Säulen des Islam.
8. Der Islam ist Glaube, Ethik, soziale Ordnung und Lebensweise zugleich.
9. Dem Islam geht es nicht um Abschaffung von Reichtum.
10. Das islamische Recht verpflichtet Muslime in der Diaspora.
11. Muslime bejahen die vom Grundgesetz garantierte gewaltenteilige, rechtsstaatliche und demokratische Grundordnung.
12. Wir zielen nicht auf Herstellung eines klerikalen »Gottesstaates« ab.
13. Es besteht kein Widerspruch zwischen der islamischen Lehre und dem Kernbestand der Menschenrechte.
14. Prägung durch das jüdisch-christlich-islamische Erbe und die Aufklärung.
15. Die Herausbildung einer eigenen muslimischen Identität in Europa ist notwendig.
16. Deutschland ist Mittelpunkt unseres Interesses und unserer Aktivität.
17. Abbau von Vorurteilen durch Transparenz, Öffnung und Dialog.
18. Wir sind der gesamten Gesellschaft verpflichtet.
19. Integration unter Bewahrung der islamischen Identität.
20. Eine würdige Lebensweise mitten in der Gesellschaft.
21. Parteipolitische Neutralität.

http://zentralrat.de. © Zentralrat der Muslime in Deutschland, Eschweiler.

Fatimische Krieger machen einen Ausfall aus einer Festung. Die professionellen arabischen Armeen trugen ähnliche Rüstungen wie die Franken. – Papierfragment, Ägypten, 12. Jh. Britisches Museum, London.

FBI-Beamte fanden im Gepäck Mohammed Attas, eines der Attentäter auf das World Trade Center, folgende Anweisung: »Dies ist die Stunde, in der Du Gott treffen wirst, und bete zu Gott, Gott hilf mir, dies zu tun […]. Wenn Du im Flugzeug bist, solltest Du zu Gott beten, denn Du tust dies für Gott. Wie der allmächtige Prophet sagt, ist eine Tat für Gott besser als die ganze Welt. Immer wieder: Bete, bete, bete, damit Du nicht schwankend wirst und aus Angst Dein Vorhaben aufgibst […]. Öffne Dein Herz, heiße den Tod im Namen Gottes willkommen. Der Lohn für Deine Treue ist ganz nahe: Öffne Dein Herz, denn Du bist nur einen kurzen Moment entfernt von dem guten, einzigen Leben voller positiver Werte in der Gesellschaft von Märtyrern.« Schließlich, wenn alles vorbei ist, rufen »Engel Deinen Namen und tragen für Dich ihre schönsten Kleider«.

Hansjörg Hemminger, Religiöser Fanatismus. Ursachen und Hilfen, EZW-Texte 178/2004, S. 8. (➡ S. 39)

28 Gender und Religion

Hans-Martin Barth: Das erste Menschenpaar im Islam und in der Bibel

■ *Der evangelische Theologe Hans-Martin Barth schrieb eine »Dogmatik im Kontext der Weltreligionen«. Im Blick auf das Menschenbild des Islam stellt er zahlreiche Parallelen zu Judentum und Christentum fest.*

Der Mensch im Paradies

Nach Sure 2,30–39 hält Allah Rat im Himmel und setzt seine Absicht, Menschen zu erschaffen, gegen den Einspruch der Engel durch; er gebietet den Engeln, sich vor Adam niederzuwerfen – Iblis (der Teufel) verweigert dies; Adam und Eva leben im Paradies, werden vom Teufel versucht und schließlich vertrieben. Der Mensch ist aus Lehm bzw. aus Ton oder Staub geschaffen; Allah hat ihm seinen Geist eingehaucht, und »Er machte euch Gehör, Augenlicht und Herz. Ihr aber seid wenig dankbar« (Sure 32,9). Die Legende von der Weigerung des Teufels, sich vor dem Menschen niederzuwerfen, die aus jüdisch-christlicher Tradition stammt, soll die überragende Stellung des Menschen – sogar den Engeln gegenüber! – zum Ausdruck bringen. Die Würde des Menschen wird jedoch nicht durch den Gedanken der Ebenbildlichkeit Gottes verdeutlicht, denn – nichts ist Gott gleich! Nach islamischer Auffassung wird aber jeder Mensch schon mit einer gewissen Ausrichtung auf den einen Gott geboren; das gehört zu seiner natürlichen Ausstattung: »Richte dein Gesicht auf die wahre Religion als Anhänger des reinen Glaubens« (Sure 30,30). Jedes Kind kommt also gewissermaßen schon als Muslim zur Welt. Wenn es dann doch (zunächst) nicht zu einem Bekenner des Islam wird, kann das daran liegen, dass es in einem anderen Kulturkreis oder einer anderen Region aufwächst.

Die Würde des Menschen

Die Würde des Menschen, die freilich nur der Muslim recht erkennt, besteht darin, dass er *»abd«*, Diener, Sklave Gottes, und *»khalifa«*, Nachfolger und Statthalter Gottes (Sure 2,30) sein darf. Dieser anthropologische Ansatz wurde unterschiedlich gedeutet. Entweder sah man in ihm das völlige Aufgehen und Verschwinden der individuellen Persönlichkeit, oder aber auch deren reichste und höchste Entfaltung (mit der Gefahr eines absoluten Subjektivismus). Beide Ansätze konnten insbesondere von den Sufis vertreten werden, die darüber hinaus eine eigene Lehre vom »vollkommenen Menschen« entwickelten.

Von den im Westen als selbstverständlich anerkannten Menschenrechten bestreitet der Islam die Gleichberechtigung von Mann und Frau, das Recht, zu einer anderen Religion überzutreten (nur die Konversion zum Islam ist erlaubt) und die Gleichberechtigung nichtmuslimischer Staatsangehöriger in islamischen Staaten. Darüber hinaus kann man sich im Islam nicht legitimerweise gegen die Todesstrafe und die Sklaverei einsetzen; letzteres Problem hat sich glücklicherweise weitgehend von selbst erledigt. Höchst merkwürdig ist es allerdings, wenn Murad Hofmann, ein zum Islam übergetretener Konvertit, nach Aufzählung dieser Punkte feststellt: »Nach allem gibt es zwischen Islam und Menschenrechtsdoktrin keine wesentlichen Widersprüche. Im Gegenteil: Der Islam ist ein (komplementäres) Menschenrechtssystem.«

Die Rolle der Geschlechter

Ein besonderes Problem der islamischen Anthropologie stellt die oft verhandelte Frage nach der Stellung der Frau im Islam dar. Auch hier spielen gewiss soziologische Einflüsse eine wichtige Rolle; doch ist nicht zu verkennen, dass die nachgeordnete Stellung der Frau im Islam religiös begründet wird. Muslimische Autoren beeilen sich zwar festzustellen, dass Muhammad, gemessen an der Situation, die er antraf, einen wichtigen Beitrag zur »Befreiung der Frau« geleistet habe. Im Sinne einer positiven Würdigung der Frau im Islam wird gelegentlich darauf hingewiesen, dass im koranischen Sündenfallbericht nicht Eva als die Verführerin erscheint; oft werde in diesem Zusammenhang gar nicht zwischen den Geschlechtern unterschieden, gelegentlich auch Adam als der Verantwortliche dargestellt:

»Sie aßen beide davon, da wurde ihnen ihre Blöße offenbar, und sie begannen, Blätter des Paradieses über sich zusammenzuheften. Adam war gegen seinen Herrn ungehorsam, und so irrte er ab« (Sure 20,121).

Auch gibt es Stimmen, die auf die prinzipielle religiöse Gleichwertigkeit von Mann und Frau hinweisen: »Diejenigen, die etwas von den guten Werken tun, ob Mann oder Weib, und gläubig sind, werden ins Paradies eingehen« (Sure 4,124). Die im Blick auf die Frauen unerfreulichste Stelle des Koran ist Sure 4,34: »Die Männer haben Vollmacht und Verantwortung gegenüber den Frauen, weil Gott die einen vor den anderen bevorzugt hat und weil sie von ihrem Vermögen (für die Frauen) ausgeben. [...] Ermahnt diejenigen, von denen ihr Widerspenstigkeit befürchtet, und entfernt euch von ihnen in den Schlafgemächern und schlagt sie. Wenn sie euch gehorchen, dann wendet nichts Weiteres gegen sie an.« In der Übersetzung von Khoury und Abdullah heißt es in Erläuterung zu »Schlagt sie«: »leicht, als Zurechtweisungsmittel«. Auch die Tatsache, dass bei Rechtsverfahren das Zeugnis zweier Frauen nötig ist, wo das Zeugnis nur eines Mannes ausreichen würde (vgl. Sure 2,282), gilt als klassischer Beleg für die Benachteiligung der Frau im Islam. Es wäre jedoch verfehlt, Anthropologie des Islam vorrangig unter dieser Perspektive zu betrachten.

Hans-Martin Barth: Dogmatik. Evangelischer Glaube im Kontext der Weltreligionen. Ein Lehrbuch, Edition Chr. Kaiser im Gütersloher Verlagshaus, Gütersloh, 2. Aufl. 2002, S. 500ff.

Engel fallen vor Adam nieder. Genesis 2 im Koran. Persische Miniatur.
A.T. Khoury, Der Koran, erschlossen und kommentiert. Patmos, Düsseldorf 2005, S. 108f.

Und Er lehrte Adam alle Dinge samt ihren Namen. Dann führte Er sie den Engeln vor und sprach: »Tut Mir die Namen dieser kund, so ihr die Wahrheit sagt.« Sie sagten: »Preis sei Dir! Wir haben kein Wissen außer dem, was Du uns gelehrt hast. Du bist der, der alles weiß und weise ist.« Er sprach: »O Adam, tu ihnen ihre Namen kund.« […] Und als Wir zu den Engeln sprachen: »Werft euch vor Adam nieder.« Da warfen sie sich nieder, außer Iblis. Der weigerte sich und verhielt sich hochmütig, und er war einer der Ungläubigen (Sure 2,31–34).

Birgit Heller: Der Status von Frauen

■ *Birgit Heller (geb. 1959) ist Professorin und Mitarbeiterin des Instituts für Religionswissenschaft der Katholisch-Theologischen Fakultät der Universität Wien.*

Frauen in einfacheren Gesellschaften/Religionen besitzen einen höheren Status als in stark institutionalisierten Organisationsformen. In zahlreichen ethnischen Religionen nehmen Frauen vielfältige religiöse Rollen und zum Teil hohe Positionen ein, wie z. B. Priesterin, Seherin oder Schamanin. Dies gilt auch für die anderen Religionen der Vergangenheit (Religionen des Alten Orients, die griechische, römische, keltische, germanische Religion).

Im Gegensatz dazu weisen die universal ausgerichteten Weltreligionen der Gegenwart viele Ähnlichkeiten hinsichtlich der Stellung und Rollenzuweisung von Frauen auf. Diese Religionen legitimieren die männliche Dominanz und die weibliche Unterordnung in den Geschlechterbeziehungen. Judentum, Konfuzianismus, Christentum und Islam betonen die Mutterrolle der Frau und tragen durch die Verpflichtung auf Gehorsam und Treue gegenüber dem Ehemann zur Kontrolle der weiblichen Sexualität bei. Frauen waren bei der Entstehung und Tradierung dieser Religionen intensiv beteiligt. Dennoch blieben die wichtigen Ämter und Leitungsfunktionen den männlichen Anhängern vorbehalten. Häufig wurden die weiblichen biologischen Funktionen der Menstruation und Geburt unter dem Verdikt der Unreinheit zum Anlass für den Ausschluss von Frauen von religiösen Rollen und Ämtern. Innerhalb des Judentums und des Christentums haben sich in den letzten Jahrzehnten facettenreiche feministische Theologien entwickelt. Auch im Islam reflektieren Frauen ihre Rolle, das geschichtliche Erbe und ihr religiöses Selbstverständnis. Nicht zuletzt durch die wachsende Zahl westlicher Buddhistinnen ist die Rolle von Frauen in den buddhistischen Traditionen zu einem wichtigen Thema geworden.

In den neuen Religionen und neureligiösen Bewegungen reicht die Bandbreite von der Bestätigung der traditionellen Frauenrollen über die Öffnung von Leitungsrollen für Frauen bis hin zu einer völligen Frauenzentrierung.

Birgit Heller, in: Johann Figl, Handbuch Religionswissenschaft. Religionen und ihre zentralen Themen, Wissenschaftliche Buchgesellschaft, Darmstadt 2003, S. 763ff.

Ritual des Medizinmannes Ba Tadoh Fomantum, Bamenda in Kamerun, 2005. Auf dem Lehmplatz vor seiner Hütte sitzt eine alte verwirrte Frau, gefesselt zwischen zwei Speeren, in einem Kreis von Holzscheiten. »Sie wurde verhext«, sagt Fomantum. Dann murmelt er esoterische Formeln, gießt Spiritus über die Scheite und zündet sie an. Gelähmt vor Angst, starrt die Frau in die Lohe, zittert, stammelt Gebete. Irgendwann erlischt das Feuer, und die Frau sieht plötzlich entspannt und gleichmütig aus. »Die Hexen sind besiegt, sie ist zurückgekehrt«, meint der Medizinmann.
Foto: Pascal Maître/Cosmos/Agentur Focus.

Fadenspiel: Kinder in Arnhemland (Australien) sehen Frauen beim Knüpfen der Gestalt einer Traumahnin zu: dem Totemtier der Schildkröte. Bei dem beliebten Zeitvertreib zeigen die Frauen den Kindern einige der rund 250 Muster und bringen ihnen die traditionellen Vorstellungen nahe. Aus: National Geographic Atlas der Völker. Kulturen, Traditionen, Alltag. Hamburg 2002, S. 58. Foto: Belinda Wright.

Elie Wiesel: Adam und Eva im Judentum

■ *Elie Wiesel (geb. 1928 in Rumänien), Professor für Literatur und Träger des Literaturnobelpreises, überlebte die deutschen Vernichtungslager Auschwitz und Buchenwald. In seinem autobiographischen Roman »Die Nacht« (1958) schildert er, wie er mit anderen jüdischen Lagerinsassen das eigene Schicksal auf dem Hintergrund biblischer Gestalten wie Jeremia und Hiob zu klären versuchte.*
Mit seiner Auslegung von Gen 2f. bewegt sich Elie Wiesel in der theologischen Tradition von Talmud und Midrasch. »Adam« und »Eva« sind nach Gen 2 »Prototypen« des Menschseins (etymologisch: Adam: »Erdmensch«, Eva: »Mutter des Lebenden«, vgl. Gen 2,7.19b.20).

Warum erschuf Gott nur einen einzigen Menschen? Hören wir den Midrasch: »Um uns die Gleichheit der menschlichen Wesen zu lehren; niemand kann sagen, er überrage die anderen; denn wir haben alle den gleichen Stammvater. Deshalb wurde Adams Leib auch aus Lehm geformt, der von den vier Enden der Welt stammte. Niemand kann behaupten, dass die Welt oder Adam ihm gehöre. Adam gehört allen Menschen und allen in gleichem Maße.«
Für die jüdische Tradition ist die Vergangenheit des Menschen mit den geheiligten Ursprüngen der Geschichte verbunden. Als Ebenbild Gottes war das erste Individuum reiner und vollkommener, als es je einer seiner Nachkommen sein kann. Was wird nicht alles von ihm behauptet? Er war so groß, dass sein Körper die Welt von einem Ende bis zum anderen erfüllte, vom Himmel bis zur Erde, und er war so schön, dass der Glanz seiner Ferse die Sonne verdunkelte, und so mächtig, dass alle wilden Tiere vor ihm erzitterten. [...]
Adam hatte nun aber Langeweile im Paradies, das vermerken alle Texte. Ihm allein gehörte das Universum, er hatte keine Wünsche, dachte an nichts und niemand und war vor seinem Sündenfall völlig uninteressant [...] Adam wird seine Märchenwelt verlassen und in das Drama eintreten. Weil jedes Drama mit dem Auftauchen einer weiblichen Person verknüpft ist, rufen Bibel und Talmud Eva herbei und bringen sie eilends auf die Bühne [...].
Warum wurde Eva erschaffen? Zum Wohle ihres Mannes natürlich, was diesem immer wieder versichert wurde. Sie sollte ihm dadurch helfen, dass sie ihm Widerstand entgegensetzte und ihn herausforderte; sie sollte sein Leben bereichern und Begierden, Ehrgeiz und Sehnsucht in ihm wecken. Eva also das Heilmittel gegen die Einsamkeit, gegen jenen Teil des Ichs im Menschen, der unbekannt bleibt. Ohne Eva wäre Adam ein Mensch, aber nicht menschlich gewesen. [...]
Aber warum entnahm Gott sie der Rippe ihres künftigen Mannes? Adam scheint diese Frage nicht bewegt zu haben, aber dazu beschäftigt sie den Midrasch: Ein König traf Rabbi Gamaliel und sagte zu ihm: »Ich weiß nicht, wie ich es sagen soll, aber ... euer Gott ... nun ja, euer Gott ist doch nur ein Dieb. Als Adam den echten Schlaf des Gerechten schlief, ließ Gott eine Rippe aus seinem Körper verschwinden ...« Es war des Weisen Tochter, die dem Herrscher folgendes antwortete: »Wissen Sie, Majestät, was mir letzte Nacht zugestoßen ist? Eine fürchterliche Geschichte. Diebe drangen in mein Haus ein. Sie stahlen mein ganzes Silber und ließen mir statt dessen Gold zurück.« »Könnte ich doch jede Nacht ein Opfer solcher Diebe sein«, meinte der König. »Sehen Sie, genau das ist Adam widerfahren«, sagte die Tochter des Rabbi Gamaliel.

Elie Wiesel, Adam oder das Geheimnis des Anfangs. Herder Verlag, Freiburg 1986, S. 19ff.

»Ich musste ausbrechen« – Das neue Leben der Emel Algan

Die Familie von Emel Algan kam aus der Türkei nach Deutschland, als sie ein Baby war. Ihre Kindheit war wohl behütet und geprägt von einem strenggläubigen Islam. Sie hatte ein enges Verhältnis zum Vater, dem vor 20 Jahren verstorbenen Arzt Yusuf Zeynel Abidin, einem unter türkischen Emigranten angesehenen Mann. Dieser gründete 1976 die deutsche Sektion von Milli Görüs, eine der umstrittensten islamischen Organisationen hierzulande. Verfassungsschutzberichte beschreiben Milli Görüs als eine straff organisierte Gruppe, deren Ziel es ist, einen türkischen Gottesstaat und darüber hinaus die islamische Weltherrschaft zu errichten.
Ausgelöst durch eine kleine Begebenheit, ändert Emel Algan ihr traditionelles Leben.

»Es gibt keine Zufälle, obwohl es manchmal danach aussieht«, sagt Emel Algan. Vor zwei Jahren, während des Urlaubs mit ihrer Familie, kauft sie sich eine CD mit keltischen Liedern. Einfach so. Sie legt sie in das Autoradio ein – und plötzlich wird ihr ganz warm ums Herz. Eine Sehnsucht steigt in ihr hoch, die Sehnsucht nach einem anderen, freien Leben. »Die Musik bewegte etwas in meiner Seele, ließ mich nicht mehr los.« Die 45-Jährige versucht zu beschreiben, was da mit ihr passierte, schwingt die Hände in die Luft, rückt unruhig auf dem Stuhl umher, es gibt so viel zu erzählen, wo nur anfangen?

Emel Algan reist nach Irland, ist fasziniert von den Menschen, der Landschaft, den Farben und Klängen. Zurück in Berlin, meldet sie sich für den Tanz-Workshop »Irische Volksmusik« an. Ein mutiger Schritt, denn als Muslimin ist ihr das untersagt: »Das Bedeckungsgebot und Berührungsverbot zwischen Männern und Frauen, die nicht miteinander verwandt sind, wird immer noch streng befolgt.« Sie bricht das Tabu, erscheint mit roter Kappe und weißen Baumwollhandschuhen, hat viel Spaß und am nächsten Tag Muskelkater.

Fragen steigen in ihr hoch: Muss der Glaube dogmatisch an Symbolen festgemacht werden? Engt er Frauen nicht zu sehr ein? Kein muslimischer Mann geht verhüllt auf die Straße und erlebt die damit verbundene Einschränkung. Emel Algan lehnt sich zurück: »Manchmal fühlte ich mich wie Luft behandelt, Blicke schienen am Kopftuch einfach abzugleiten.«

Mit extravaganten Modellen, von einer Hutmacherin entworfen, beginnt sie zu experimentieren. Im Wartezimmer beim Arzt nimmt sie zum ersten Mal in der Öffentlichkeit ihre Kappe ab. Beobachtet sich, ob sie nicht von Schuldgefühlen ereilt wird, da sie ja eine Sünde begeht. Beobachtet die Männer, vor denen sie sich mit der Kopfbedeckung schützen soll. Wartet gespannt, ob etwas Schlimmes passiert. Nichts. Im Laufe der Zeit macht sie die Erfahrung, dass sie eine von vielen ist, wohltuend unscheinbar – und dass sie auch leichter mit anderen ins Gespräch kommt. Das war vor einem Jahr. Sie geht zum Frisör, lässt sich den streng nach hinten gebundenen Pferdeschwanz abschneiden, trägt ihre schwarzen, welligen Haare offen.

Als sie zwölf war, hatte ihr die Mutter das Kopftuch gereicht, so sieht es die Tradition vor: wenn Mädchen geschlechtsreif werden. Emel Algan wurde mit 19 Jahren verheiratet und bekam sechs Kinder. Ihr Nachdenken über das enge Verständnis von Religion führte sie zu dem Entschluss: »Es war nicht mehr das Leben, das ich führen wollte. Der Islam als Gesetzesreligion untersagt mir zu viel. Ich musste aus dem Gewohnten ausbrechen und neue Erfahrungen sammeln.«

Dazu gehörte für sie auch, die Liebe zu entdecken, ein Gefühl, das sie in ihrer arrangierten Ehe vermisste. Sie wollte offen für eine neue Beziehung sein und reichte nach 25 Jahren die Scheidung ein. »Im Koran wird diesbezüglich wunderbar empfohlen: Lebt entweder in Güte miteinander oder trennt euch in Güte.« Sie suchte sich mit ihrem jüngsten Sohn eine eigene Wohnung und begann ein Abendstudium als PR-Beraterin. Die muslimische Gemeinschaft distanzierte sich von ihr. Man redete über sie, hielt die jungen Mädchen von ihr fern, der islamische Frauenverein reagierte mit Unverständnis. Auch der Freundeskreis schrumpfte.

Es wundert Emel Algan noch heute, dass keine muslimische Frau von ihr wissen wollte, wie es ihr ergangen ist, seitdem sie ihr Leben veränderte.

Birgit Weidt in: Chrismon. Das evangelische Magazin, Frankfurt a.M., 4/2006, S. 49.

Cees Noteboom: Begegnungen

■ *Der holländische Romancier und Reiseschriftsteller Cees Noteboom, geb. 1933, bereiste immer wieder die islamische Welt und veröffentlichte Reportagen und Feuilletons, u. a. in dem Band »Der Laut seines Namens«.*

Auf dem Nieuwendijk in Amsterdam geht eine marokkanische Familie. Die Mutter trägt ein langes braunes Gewand und ein Kopftuch, der Vater ist westlich gekleidet und führt seinen ungefähr sechsjährigen Sohn an der Hand, der neugierig in alle Schaufenster blickt. Sie kommen von der Brücke über den Singel, und rechts gibt es dort ein Lebensmittelgeschäft und dann einen Sexladen mit dem üblichen Instrumentarium. Nichts bleibt der Fantasie überlassen, riesige Penisse im Zustand höchster Erregung, aufgesperrte Vaginen, Brüste wie nach vorn gerichtete Euter, der ganze, einst für die Intimität gedachte Fleischladen, nach außen gewandt, ist zu kaufen oder zu mieten. Entschleiert, könnte man sagen. Die Frau hat nicht hingeschaut, der Vater seinen Sohn an sich gezogen. Nichts ist passiert, und doch ist etwas passiert. Ein Nanogramm Meinung über uns, wer auch immer das sein mag, ist im inneren Archiv der drei Passanten abgelegt worden. [...]

Leben in verschiedenen Welten

Meine erste Begegnung mit der islamischen Welt? In Tanger muss es gewesen sein, Anfang der sechziger Jahre, an einem Abend, alles fremd, geheimnisvoll, die dunklen Gassen der Kasbah. Und dann auf einmal dieser Ruf, lang gedehnte Laute, Töne aus dem Lautsprecher, die alles durchdringen, ich habe das Gefühl, dass die Luft ins Vibrieren gerät, dass der Schall sich in meinen Knochen festsetzt. Er ist verführerisch und auch bedrohlich, weil er so mächtig ist, unentrinnbar. Danach habe ich ihn in Teheran gehört, in Kairouan, in Mopti in Mali, in Kotakinabalu, auf Borneo, in Jakarta, Kuala Lumpur, immer der gleiche Ruf, eindringlich, beschwörend. Die Stimme eines Menschen, der den Namen Gottes ausspricht, des Großen, Barmherzigen.

Die Stimme erfasst Plätze und Straßen, fließt über die Stadtmauern hinweg, lässt nichts aus, dringt bis in die Häuser hinein. Es ist die Stimme des Islam, sie ruft auf zum Gebet, Körper werden sich jetzt beugen, fast entzweibrechen, sich der Erde zuneigen, wenn es viele Gläubige sind, sieht man, wie sich ein Meer von Rücken vorbeugt, wieder aufrichtet, wieder beugt, inzwischen nicht mehr nur in der so endlos weiten Welt, in der der Koran das Buch der Bücher ist, sondern auch in unserer nördlichen, in der der Gott der Christen mit Kirchenglocken laut rufen darf, während dieser andere Gott einstweilen noch schweigen muss und lediglich zu den Gläubigen flüstert, die ohnehin wissen, was die Stunde geschlagen hat. Doch der Klang jenes allerersten Mals ist unvergesslich geblieben, und sei es nur deshalb, weil mir zum ersten Mal klar wurde, wie sehr meine Welt nur ein Teil der Welt ist. [...]

Jahre später sehe ich, in einem Film, wie ein niederländischer Soldat in Afghanistan einen jungen islamischen Dolmetscher fragt, ob dessen Verlobte noch Jungfrau sei, und wie er ihm ein paar Pornofilme mit viel Gelutsche und Gelecke zu geben versucht, und wieder ist die eine Welt die andere nicht.

Cees Nooteboom, Auge in Auge mit dem Islam, in: Die Zeit Nr. 42 vom 7. Oktober 2004, S. 44.

Unterricht an einem islamischen Zentrum auf den Philippinen. Foto: Abbas/Magnum/Agentur Focus.

H Begegnung – Dialog – Wahrheit

Von welchen Haltungen sind die Begegnungen zwischen den Religionen und Kulturen geprägt? Von Gewalt, von Toleranz, von der Sicht Europas, von einer Haltung, welche das Andere, das Fremde respektiert und nicht vereinnahmt? Die vier Beispiele des Kapitels zeigen ganz unterschiedliche Haltungen auf. Dabei zielt der vierte Abschnitt auf eigene Begegnungen und Projekte in Schulpartnerschaft, in der Ökumene oder in der eigenen Stadt.

29 Muslime und »westliche Kultur«: Provokationen und Konflikte

Ayaan Hirsi Ali/Theo van Gogh, Submission Teil 1

■ *Seit Jahren gibt es zahlreiche Beispiele konstruktiver Begegnungen zwischen Christen und Muslimen. Bürgervereine, Kirchen und Schule schaffen eine Kultur der Begegnung. Dies geschieht u.a. durch gemeinsame Feste, Moscheevereine, Asylgruppen, Sprachkurse und durch Initiativen des christlich-islamischen Dialogs. Daneben gibt es krasse Beispiele von Menschenrechtsverletzungen und Gewalt. Davon berichtet die Somalierin Ayaan Hirsi Ali. Sie floh 1992 nach Holland, um einer von der Familie arrangierten Heirat zu entgehen. Als Übersetzerin und Sozialarbeiterin begleitete sie viele muslimische Frauen bei ihrer Einbürgerung. Sie war Abgeordnete im niederländischen Parlament. Mit dem holländischen Filmemacher und Publizisten Theo van Gogh drehte sie den elfminütigen Film »Submission«. Theo van Gogh wurde deshalb am 2. November 2004 ermordet. Sein Mörder hat einen Drohbrief an seine Brust geheftet, adressiert an Ayaan Hirsi Ali; denn eigentlich hätte sie sterben sollen. Ayaan Hirsi Ali lebte anschließend unter ständigem Polizeischutz. Wegen einer Falschaussage beim Asylantrag wurde ihr 2006 die niederländische Staatsbürgerschaft aberkannt, später aber wieder zugesprochen. Heute lebt Ayaan Hirsi Ali in den USA. Zum Filmprojekt schreibt sie:*

»In Submission Teil 1 versuche ich zu zeigen, wie es bei dieser Unterwerfung unter Allahs Willen zugeht.« Da ist etwa die dreiundzwanzigjährige muslimische Frau, die nicht lesen und schreiben kann. Zusammengekauert sitzt sie in einer Ecke eines Frauenhauses irgendwo in den Niederlanden. Vor nicht einmal drei Jahren wurde sie von einem Tag auf den anderen aus ihrer Familie in der ländlichen Provinz eines islamischen Landes herausgerissen. Dann wurde sie mit einem ihr fremden Mann, den sie heiraten musste, irgendwo in einer großen Stadt in einem Problemgebiet in eine Wohnung verfrachtet. Als dieser Ehemann sie regelmäßig prügelte, wurde sie von der Polizei ins Frauenhaus gebracht. Im Frauenhaus sitzt diese Frau apathisch in einer Ecke und schaut zu, wie ihr gestresstes Baby herumkrabbelt. [...] Bei den mühsamen Gesprächen über ihre Zukunft und die Zukunft ihres Kindes, die mit Hilfe eines Dolmetschers geführt werden, sagt sie, dass sie auf Allah vertraue. »Durch Allah bin ich in diese Situation gekommen, und wenn ich geduldig bin, wird er mich aus diesem Elend retten. Ich muss ihm nur gehorsam sein.«

Die verschleierte Fatima

■ *Den Text der folgenden Filmszene aus »Submission 1« spricht eine junge Muslimin; während ihres Monologs zeigt die Kamera eine Frau, die völlig verschleiert auf dem Boden sitzt, durch den locker Fallenden Tschador sieht man die Umrisse eines Frauenkörpers. Auf dem Schleier der Frau sind Auszüge einer Sure zu lesen.*

Oh Allah, Gnädiger und Barmherziger.
Wie Du es von der gläubigen Frau verlangst, schlage ich die Augen nieder und bin demütig.
Nie zeige ich meine Schönheit und meinen Schmuck, noch nicht einmal Gesicht oder Hände.
Nie wackle ich mit den Füßen, um die Aufmerksamkeit auf meinen verborgenen Schmuck zu lenken, nicht einmal auf Festen.
Ich gehe nur aus dem Haus, wenn es wirklich unumgänglich ist, und nur, wenn mein Vater zustimmt.
Wenn ich das Haus verlasse, schlage ich den Schleier über meinen Busen, wie du es verlangst. Manchmal sündige ich. Ich phantasiere dann, dass ich den Wind in den Haaren fühle oder die Sonne auf meiner Haut, vielleicht am Strand. Ich träume von einer Weltreise und sehe dann all die Orte und Menschen vor mir. Natürlich werde ich diese Orte nie sehen und nie viele Menschen treffen, weil es wichtig ist, demütig zu sein, um Dir, oh Allah, zu gefallen. Also tue ich mit Freuden, was Du von mir verlangst, und verhülle meinen Körper vom Kopf bis zu den Zehen, außer wenn ich zu Hause und mit meinen Verwandten zusammen bin. Im Allgemeinen bin ich glücklich mit meinem Leben.
Aber es hat sich etwas verändert, seit Hakim, der Bruder meines Vaters, bei uns wohnt.
Hakim wartet, bis ich allein zu Hause bin, und kommt in mein Zimmer. Ich muss dann intime Dinge mit ihm machen, die ich nicht will. Seit er hier ist, trage ich auch im Haus den Schleier, um ihn abzuschrecken. Aber das hält ihn auch nicht ab. Zweimal hat er mir schon den Schleier und die Kleider heruntergerissen und mich vergewaltigt.
Als ich meiner Mutter davon erzählte, wollte sie mit meinem Vater darüber reden. Mein Vater untersagte ihr – und mir –, die Ehre seines Bruders anzuzweifeln.

Ayaan Hirsi Ali: Ich klage an. Plädoyer für die Befreiung der muslimischen Frauen, Piper Verlag, München 2005, S. 186f., 195f.

Shirin Neshat, Rebellious Silence, 1994. Shirin Neshat möchte mit ihren Bildern »einen im Islam verwurzelten speziellen Feminismus« erkunden. Neshat verwendet zeitlose Symbole islamischer Kultur, etwa schwarze Tschadors oder traditionelle Kalligrafie. Mit freundlicher Genehmigung von Thomas Rehbein Galerie, Köln.

30 Juden und Christen: Eine Kultur der Differenz

Die dreizehn Glaubensartikel des Maimonides

■ *Der jüdische Gelehrte, Philosoph und Arzt Moses Maimonides (arabisch Abu Imran Musa Ibn Maimun Ibn Ubaid Allah, 1135–1204) lebte in Ägypten. Er gilt als der bedeutendste jüdische Theologe des Mittelalters, kodifizierte das jüdische religiöse Gesetz (Halacha) und verfasste die dreizehn Glaubensartikel – Extrakt des jüdischen Glaubens.*

1. Ich glaube mit voller Überzeugung, dass der Schöpfer, gepriesen sei sein Name, jegliche Kreatur schafft und lenkt und dass er allein der Urheber alles dessen ist, was geschah, geschieht und geschehen wird.
2. Ich glaube mit voller Überzeugung, dass der Schöpfer, gepriesen sei sein Name, einzig ist [...] und dass er allein unser Gott war, ist und sein wird.
3. Ich glaube mit voller Überzeugung, dass der Schöpfer, gepriesen sei sein Name, unkörperlich ist und frei von jeder Möglichkeit, materiell vorgestellt zu werden; und dass ihm auch keine Gestalt beigelegt werden kann.
4. Ich glaube mit voller Überzeugung, dass der Schöpfer, gepriesen sei sein Name, Anfang und Ende ist.
5. Ich glaube mit voller Überzeugung, dass der Schöpfer, gepriesen sei sein Name, allein es ist, dem Anbetung gebührt, und dass es ungebührlich ist, außer ihm ein Wesen anzubeten.
6. Ich glaube mit voller Überzeugung, dass die Worte der Propheten alle wahrhaftig sind.
7. Ich glaube mit voller Überzeugung, dass die Kündung unseres Lehrers Moses, Friede ihm, die Wahrheit ist und dass er von allen Propheten, früheren wie späteren, der Vater war.
8. Ich glaube mit voller Überzeugung, dass diese Thora, wie wir sie jetzt besitzen, die gleiche ist, die unserem Lehrer Moses übergeben wurde.
9. Ich glaube mit voller Überzeugung, dass diese Thora unverwechselbar ist und dass es nie eine andere Lehre vom Schöpfer her, gepriesen sei sein Name, geben wird.
10. Ich glaube mit voller Überzeugung, dass der Schöpfer, gepriesen sei sein Name, alles Tun und jegliches Trachten der Menschen kennt, wie es heißt: Er, der ihre Herzen ganz und gar gebildet, Er weiß auch all ihr Tun.
11. Ich glaube mit voller Überzeugung, dass der Schöpfer, gepriesen sei sein Name, wohl vergilt all denen, die seine Gebote erfüllen, und übel tut denen, die seine Gebote brechen.
12. Ich glaube mit voller Überzeugung, dass der Messias kommt, und ungeachtet seines langen Ausbleibens erwarte ich täglich seine Ankunft.
13. Ich glaube mit voller Überzeugung, dass einst zu seiner Zeit, wenn es dem Schöpfer, gepriesen sei sein Name und erhoben sein Gedenken immer und ewig, wohl gefällt, die Toten auferstehen werden.

Zit. nach: Leo Hirsch, Jüdische Glaubenswelt, Gütersloher Verlagshaus, Gütersloh 1966, S. 28ff.

Miniatur der Menorah nach der Vision Sacharjas, Spanien, um 1300.

National Jewish Scholars Project DABRU EMET – »Redet Wahrheit«

In den vergangenen Jahren hat sich ein dramatischer und beispielloser Wandel in den christlich-jüdischen Beziehungen vollzogen. Während des fast zwei Jahrtausende andauernden jüdischen Exils haben Christen das Judentum zumeist als eine gescheiterte Religion oder bestenfalls als eine Vorläuferreligion charakterisiert, die dem Christentum den Weg bereitete und in ihm zur Erfüllung gekommen sei. In den Jahrzehnten nach dem Holocaust hat sich die Christenheit jedoch dramatisch verändert. Eine wachsende Zahl kirchlicher Gremien hat in öffentlichen Stellungnahmen ihre Reue über die christliche Misshandlung von Juden und Judentum ausgedrückt.
Am 10. September 2000 erschien u. a. in der New York Times die Erklärung DABRU EMET mit den Unterschriften von mehr als 200 jüdischen Gelehrten und Rabbinern. These 1 lautet: »Juden und Christen beten den gleichen Gott an«.
Dazu äußern sich kontrovers Chana Safrai, Gastdozentin für Jüdisches Denken an der Hebräischen Universität in Jerusalem (Gastprofessuren an der Johann Wolfgang Goethe-Universität Frankfurt a. M. und an der Theologischen Hochschule in Wuppertal für Talmud und Jüdisches Denken) und Matthias Blum, Wissenschaftlicher Mitarbeiter am Seminar für Katholische Theologie der Freien Universität Berlin.

These 1

»Als einen ersten Schritt wollen wir in acht kurzen Punkten erläutern, auf welche Weise Juden und Christen miteinander in Beziehung stehen können [...]
1. Juden und Christen beten den gleichen Gott an. Vor dem Aufstieg des Christentums waren es allein die Juden, die den Gott Israels anbeteten. Aber auch Christen beten den Gott Abrahams, Isaaks und Jakobs, den Schöpfer von Himmel und Erde an. Wenngleich der christliche Gottesdienst für Juden keine annehmbare religiöse Alternative darstellt, freuen wir uns als jüdische Theologen darüber, dass Abermillionen von Menschen durch das Christentum in eine Beziehung zum Gott Israels getreten sind«. [...]

Matthias Blum, katholischer Theologe

Der Vater Jesu bleibt der Gott Israels. Dieser Satz benennt von christlicher Seite sowohl die Kontinuität mit dem Alten Testament als auch eindeutig das im Glauben an den einen Gott Trennende. Dass der Vater Jesu der Gott Israels bleibt, unterstreicht also einerseits, dass Juden und Christen den gleichen Gott anbeten. Dass der Gott Israels nach dem Glauben der Christen der Vater Jesu ist, hebt andererseits das für Christen entscheidend Neue des Christusereignisses hervor. Für die Christen stellt sich damit die Frage, wie sie einerseits der Gemeinsamkeit mit den Juden in der Anbetung des gleichen Gottes Rechnung tragen und wie sie andererseits dem christlichen Proprium Ausdruck verleihen.

Chana Safrai, jüdische Wissenschaftlerin

Vor jeder Reflexion über die Wirklichkeit desselben Gottes sollte man bedenken, ob diese Frage die beste ist, um damit zu beginnen. Mit diesem Anfang richtet man sich nach der christlichen Agenda. Gewiss! Nun könnte man argumentieren, dass dies die alte biblische Agenda sei, die mit den zehn Geboten beginnt. Aber, sobald man die biblische Tradition verlässt und sich an die jüdische Interpretationstradition anlehnt, ist die Gottesfrage, so zentral sie auch sein mag, nicht mehr die Hauptfrage. Man könnte sagen, die Frage nach der religiösen Gemeinschaft und nicht die Frage nach Gott stehe vielmehr im Vordergrund. Im Allgemeinen ist die jüdische Welt eher an der Frage der Verpflichtung auf Gott und des Lebens in Gott interessiert als an der nach dem Wesen des Göttlichen. Viele würden trefflich argumentieren, dass man viele Gelehrte und Rabbiner findet, die sich mit Gott beschäftigen, und sie würden ihre Zitate und ihre Bücher beibringen, um diesen Punkt zu belegen. Aber viele, einschließlich meiner selbst, haben das Gefühl, dass man von jüdischer Seite besser mit einer Reflexion beginnen sollte, die mit authentischen Interessen von Juden verschmolzen ist. Weder Gott noch das Gebet sind der Brennpunkt des modernen säkularen Juden. Gleichermaßen bestimmen nicht

Abrahams Schoß, französische Buchmalerei, 12. Jh.

das jeweilige Gottesbild und die Auffassung des Gebets die großen jüdischen Bewegungen der Geschichte [...]
Genauso sollte man die Grundvoraussetzung hinterfragen – »denselben Gott«. Wie schon erwähnt, nehmen das Christentum und das Judentum für sich in Anspruch, Anhänger der biblischen Botschaft zu sein. Aber wenn man den offensichtlichen Unterschied erklären soll, muss man von dem Argument ausgehen, dass beide Interpretationen des biblischen Textes sind. Diese Interpretation führt beide auf einen unterschiedlichen Weg, und dieser Weg schließt einen Unterschied im Gottesbegriff wie im Gebetsbegriff ein. [...] Gott hat ein unterschiedliches Leben innerhalb der Glaubensgemeinschaften.
Der christliche Gott, insbesondere im Gebet, wird begleitet vom Sohn und Heiligen Geist; und das ist Christen unbenommen, aber das ist eben nicht die jüdische Weise. Für den betenden Juden ist Gott der Gott unserer Vorfahren und der Gott der jüdischen Geschichte, der Schöpfergott ebenso wie der besondere Gott der Geschichte Israels. Diese Geschichtlichkeit ist besonders und spezifisch für einen Juden und nicht teilbar oder gleichzusetzen mit irgend einem anderen Gläubigen. Es ist der Gott, dessen Gebote viele jüdische Gemeinden zu halten scheinen, jeder und jede in ihrer oder seiner Tradition. Das ist die besondere Erfahrung des Juden innerhalb seiner eigenen Gemeinde. Und es sollte Teil seiner Gotteserfahrung sein; ein Teil, der eben nicht von seinen christlichen Mitmenschen geteilt wird.
Tatsächlich scheint der biblische Gott in seiner Gegenwart in den jüdischen und christlichen Gemeinden ganz unterschiedlich zu sein. Eine Kultur der Kontroverse würde diesem Dokument besser dienen. Es würde eine neue Form der Diskussion einführen: Der Versuch, eine verurteilende Wertung zu vermeiden und eine bewusste Würdigung der Differenz zu entwickeln. Dann wäre der Kernpunkt nicht, nach dem kleinsten gemeinsamen Nenner zu schauen, sondern vielmehr die reiche und tiefe Verschiedenheit zu rühmen.

Dabru emet – redet Wahrheit. Eine jüdische Herausforderung zum Dialog mit den Christen. Hg. Rainer Kampling/Michael Weinrich. Edition Chr. Kaiser im Gütersloher Verlagshaus, Gütersloh 2003, S. 58ff.

31 Christen und Buddhisten: Was uns unbedingt angeht

Die Abbildung einer Jesusfigur in buddhistischer Haltung auf S. 67 ist ein Beleg dafür, dass es schon seit Jahrhunderten Begegnungen zwischen Buddhisten und Christen gab. Bereits im 8. Jh. kamen syrische Christen (»Nestorianer«) als Kaufleute über die Seidenstraße nach China und suchten den Dialog mit dem Buddhismus. Die Art der »Assimilierung« Buddhas in der Jesusdarstellung wirft die Frage auf, in welcher Weise solche Begegnungen stattfinden sollen.
Ein zweites Beispiel für die konstruktive Begegnung zwischen Christen und Buddhisten dokumentiert der Dialog zwischen dem evangelischen Theologen Paul Tillich und dem Zen-Buddhisten Takizawa Katsumi (➡ S. 42). Die Texte verraten in ihren Formulierungen manche Verwandtschaft. So beziehen sich Formulierungen Tillichs wie »das neue Sein«, »in der Tiefe ist Wahrheit«, »Gott ist das Unbedingte« nicht nur auf die Existenzphilosophie, sondern auch auf den west-östlichen Dialog.

Stele zur Verbreitung der Leuchtenden Religion von Ta Qin im Reich der Mitte. Nestorianische Steinstele vom Jahr 781. Bei Lin Museum (Stelenwald) in der alten Kaiserstadt Xian. Shaanxi Provinz, China.

Paul Tillich: Gott ist das, was uns unbedingt angeht

■ *Paul Tillich (1886–1965) ist einer der einflussreichsten evangelischen Theologen des 20. Jh. Als Professor für Theologie, Philosophie und Religionswissenschaften lehrte er an mehreren deutschen Universitäten. Er gehörte zu den Mitbegründern des Religiösen Sozialismus. 1933 verlor er seine Lehrerlaubnis und emigrierte in die USA, wo er als Professor in Harvard und Chicago lehrte und 1940 die amerikanische Staatsbürgerschaft annahm. Tillich formuliert die paradoxe Gegenwart Gottes (dessen, »was uns unbedingt angeht«) in allen Lebensbereichen. Seine »Methode der Korrelation« verbindet Offenbarung und Wirklichkeit, Theologie und menschliche Erfahrung. Damit bezieht er die gesamte Kultur in die theologische Arbeit ein. 1960 hielt er sich in Japan, Ägypten und Israel auf. Der Brückenschlag zwischen Christentum und den anderen Religionen findet u.a. in seinem Spätwerk »Das Christentum und die Begegnung der Weltreligionen« (1964) seinen Niederschlag.*

Gott ist die Antwort auf die Frage, die in der Endlichkeit des Menschen liegt, er ist der Name für das, was den Menschen unbedingt angeht. Das heißt nicht, dass es zunächst ein Wesen gibt, das Gott genannt wird, und dann die Forderung, dass es den Menschen unbedingt angehen soll. Es heißt, dass das, was einen Menschen unbedingt angeht, für ihn zum Gott (oder Götzen) wird, und es heißt, dass nur das ihn unbedingt angehen kann, was für ihn Gott (oder Götze) ist. Der Ausdruck: »das, was unbedingt angeht«, weist auf eine Spannung in der menschlichen Erfahrung hin. Auf der einen Seite ist es unmöglich, dass uns etwas angeht, dem nicht konkret begegnet werden kann, sei es im Bereich der Wirklichkeit, sei es im Bereich der Einbildung. Universalbegriffe können nur durch ihre Macht, konkrete Erfahrungen zu repräsentieren, zu dem werden, was unbedingt angeht. Je konkreter ein Ding ist, desto leichter kann es ein entscheidendes Anliegen für uns werden. Das völlig Konkrete, die individuelle Person, ist das Objekt des leidenschaftlichsten Anliegens, des Anliegens der Liebe. Anderseits muss das, was unbedingt angeht, alles, was uns vorläufig und konkret angeht, transzendieren. Es muss den ganzen Bereich des Endlichen transzendieren, um die Antwort auf die Frage zu sein, die in der Endlichkeit liegt. Aber indem das religiöse Anliegen das Endliche transzendiert, verliert es die Konkretheit einer Beziehung zwischen endlichen Wesen. Es hat die Tendenz, nicht nur absolut, sondern auch abstrakt zu werden und damit Reaktionen des konkreten Elements hervorzurufen. Das ist die unausweichliche innere Spannung in der Gottesidee.

Paul Tillich, Systematische Theologie Bd. I, Stuttgart 1951, S. 247 f. (8. Auflage im Verlag Walter de Gruyter, Berlin/New York 1984.)

Takizawa Katsumi: Das formlose Selbst

■ *Paul Tillich verbindet seine abstrakte Denkweise mit existentialen Begriffen: »Gott ist das, was uns unmittelbar angeht«. Takizawa Katsumi verwendet den Begriff des Selbst und des Ich, um hiervon »das formlose Selbst« – Gott – zu unterscheiden. Beide gehen von der These aus, dass jeder Mensch auch unmittelbar zu Gott ist. Sie sprechen von einer subjektiven Gotteserfahrung, die von der Erfahrung des Zen-Buddhismus geprägt ist.*

Die meisten Europäer urteilen über den Zen-Buddhismus wie folgt: Er sei nichts als eine Art mystisch-pantheistischer Berauschung. Er habe also mit dem Christentum nichts zu tun. Er könne aber auch nicht die Probe der nüchternen, wissenschaftlichen Reflexion bestehen.

Aber in Wirklichkeit besteht der wesentliche Kern des Zen-Buddhismus gerade darin, dass er das radikale Erwachen von solcher Berauschung, *das Selbstbewusstsein der verborgenen Wahrheit des menschlichen Seins* ist. [...]

Durch das Erwachen dieses Selbstbewusstseins gehe ich auch nicht von dieser Erde weg an irgendeinen höhern Ort, sondern Erwachen heißt hier gerade umgekehrt die klare, nüchterne Erkenntnis, dass dieses ›Ich-selbst‹ nirgendwo anders hinzugehen braucht, um dem wahren gestaltlosen Subjekt (europäisch gesagt: Gott) persönlich zu begegnen oder mit ihm in lebendigen Kontakt zu kommen. Derjenige, der hier und jetzt gern und genügend leben kann, und wirklich allen Mitmenschen, vor allem den Leidenden und Verirrten mit ganzer Kraft und ganzem Herzen dient, der allein ist der Erwachte im Sinn des Zen-Buddhismus.

Dass dieses Ich-selbst wahres Selbst wird, das heißt nichts anderes, als dass es sich dessen klar bewusst wird, dass es *auf den gemeinsamen Boden der ganzen Menschheit* gesetzt ist, wo jeder Mensch real und vollkommen gleichberechtigt ist, wo also keiner dem anderen gegenüber als etwas Besonderes gelten kann noch zu gelten braucht.

Takizawa Katsumi, Zen-Buddhismus und Christentum im gegenwärtigen Japan. In: Yagi Seiichi, Ulrich Luz, Gott in Japan. München 1973, S. 146f., ➡ *S. 42*

Rekonstruktion einer seidenen Tempelfahne des frühen 9. Jh. aus der Höhle 17 von Dunhuang, China. Die männliche Figur trägt vier Kreuze: Das erste in der geflügelten Herrscherkrone, das zweite am Gewandkragen, das dritte als Brustkreuz, das vierte beim Zeremonialstab. Die Stellung der rechten Hand ist dem Buddhismus entnommen; es ist das vitarka mudra, das die Erklärung der Lehre versinnbildlicht. Die lehrende Figur stellt Jesus Christus oder einen Heiligen dar. Christoph Baumer, Frühes Christentum zwischen Euphrat und Jangtse. Urachhaus, Stuttgart 2005, S. 16; 183, 191.

Der XIV. Dalai Lama: Meine Verehrung für die großen Religionen der Welt

■ *Der Dalai Lama (mongolisch: dalai »Ozean des gelehrten Wissens«) ist das religiöse Oberhaupt des tibetanischen Buddhismus und gilt als Inkaration des Bodhisattva und Reinkarnation seines Vorgängers, der sich in einem kurze Zeit nach seinem Tod geborenen Kind an bestimmten körperlichen Merkmalen als neue Inkarnation offenbart.*

Der XIV. gegenwärtig amtierende Dalai Lama (Tenzin Gyatso, geb. 1935) setzt sich weltweit für Versöhnung und die Wahrnehmung der globalen Verantwortung der Menschheit ein. 1989 erhielt er den Friedensnobelpreis für seinen friedlichen Kampf für die Rechte der Tibeter. Für den großen Atlas der Weltreligionen (National Geographic, New York) schrieb er folgendes Schlusswort:

In diesem neuen Jahrtausend ist es wichtiger denn je, die Einheit der Menschheit anzuerkennen. Viele Konflikte unserer Welt entstehen daraus, dass wir die essenzielle Wahrheit aus dem Blick verloren haben, die uns als menschliche Familie verbindet. Wir vergessen, dass die Menschen trotz der oberflächlichen ethnischen, kulturellen, sprachlichen und religiösen Unterschiede alle denselben Wunsch nach Frieden und Glück teilen. [...]

Gerade aus meiner Verehrung für die großen Religionen der Welt heraus bin ich kein Verfechter von Versuchen, die verschiedenen Traditionen zu einer einzigen »Weltreligion« zu vereinigen. Ich bin der festen Überzeugung, dass wir unterschiedliche Religionen brauchen. Eine einzige Tradition könnte der enormen Vielfalt der menschlichen Gemeinschaft nicht gerecht werden. Jeder hat das Gefühl, seine eigene Form der religiösen Praxis sei die beste. Ich selber meine, dass der Buddhismus für mich am geeignetsten ist. Aber das heißt nicht, dass dies für jeden gilt. Jeder Mensch hat das Recht, seine eigene Wahl zu treffen. Allerdings glaube ich nicht, dass man leichtfertig von der Religion seiner Geburt zu einer anderen übertreten sollte. Es ist vielmehr nötig, ein Verständnis für die Unterschiede der verschiedenen Traditionen zu entwickeln. Ja, ich bin sogar der Überzeugung, dass eine innere spirituelle Verwandlung auf der Basis unserer eigenen Religion uns hilft, den Wert anderer Traditionen zu würdigen. Harmonie, gegenseitiger Respekt, Erbarmen und Toleranz zu kultivieren ist etwas, womit wir in unserem eigenen Leben beginnen können.

Epilog von seiner Heiligkeit, dem XIV. Dalai Lama, zum Großen National Geographic Atlas der Weltreligionen, Hamburg 2004, S. 396f.

32 Interreligiöser Dialog und Ökumene

Der Theologe Nikolaus von Kues entwarf nach der Eroberung Konstantinopels durch die Türken 1453 einen ›Dialog der Religionen im Himmel‹, zu dem Gott selber einlädt, um zwischen den Religionen Frieden zu stiften (»De Pace fidei/ Der Friede im Glauben«). Kues schrieb, alle Menschen hätten im Grunde nur eine und dieselbe Religion, lediglich die Zeremonien und die Formeln seien unterschiedlich (religio una in rituum varietate).

Gotthold Ephraim Lessing: Ringparabel

■ *Im Jahr 1779 versuchte G.E. Lessing das Verhältnis der drei großen monotheistischen Religionen neu zu bestimmen. In seinem berühmten und damals wie heute heftig diskutierten Theaterstück »Nathan der Weise« lässt Lessing seine Hauptfigur Nathan die sog. Ringparabel erzählen: Ein Vater besitzt einen kostbaren, von Generation zu Generation dem jeweils liebsten Kind vererbten Ring. Da ihm seine drei Söhne gleich lieb sind, lässt er zwei Ringe nachmachen, die dem echten täuschend ähnlich sehen. Nach seinem Tod streiten die Söhne darum, wessen Ring der echte sei, erhalten aber von einem weisen Richter den Rat, die Echtheit des Rings durch seine positive Wirkung erweisen zu lassen.*

Es eifre jeder seiner unbestochnen
Von Vorurteilen freien Liebe nach!
Es strebe von euch jeder um die Wette,
Die Kraft des Steins in seinem Ring' an Tag
Zu legen! komme dieser Kraft mit Sanftmut,
Mit herzlicher Verträglichkeit, mit Wohltun,
Mit innigster Ergebenheit in Gott
Zu Hülf'! Und wenn sich dann der Steine Kräfte
Bei euern Kindes-Kindeskindern äußern:
So lad' ich über tausend tausend Jahre
Sie wiederum vor diesen Stuhl. Da wird
Ein weisrer Mann auf diesem Stuhle sitzen,
Als ich; und sprechen. Geht!

G.E. Lessing: Nathan der Weise, hg. von Joachim Bark, Klett Verlag, Stuttgart 2000, S. 74.

Hans Küng: Parlament der Weltreligionen

■ *1893 tagte erstmals in Chicago das »Parlament der Weltreligionen«; hundert Jahre später fand unter der Leitung des Tübinger Theologieprofessors Hans Küng erneut ein Treffen in Chicago statt. Es kam zu Nachfolgetreffen in Kapstadt 1999 und Barcelona 2004. In der »Erklärung zum Weltethos« bekräftigten die unterzeichnenden Vertreter der Religionen bedeutsame Übereinstimmungen.*

Keine Menschenrechte ohne Ethos! Zwei Grundforderungen:

- Jeder Mensch muss menschlich behandelt werden.
- »Was du nicht willst, das man dir tu', das füg' auch keinem andern zu!«

Vier unverrückbare Weisungen:

- Eine Kultur der Gewaltlosigkeit und der Ehrfurcht vor dem Leben: »Du sollst nicht töten.« »Hab' Ehrfurcht vor dem Leben!«
- Eine Kultur der Toleranz und des Lebens in Wahrhaftigkeit: »Du sollst nicht lügen.« »Sprich und handle wahrhaftig!«
- Eine Kultur der Solidarität und einer gerechten Wirtschaftsordnung: »Du sollst nicht stehlen« – »Handle ehrlich und fair!«
- Eine Kultur der Gleichheit und der Partnerschaft von Mann und Frau: »Du sollst nicht Unzucht treiben« – »Respektiert und liebt einander!«

Hans Küng/Karl-Josef Kuschel (Hg.): Erklärung zum Weltethos. Die Deklaration des Parlaments der Weltreligionen, Piper Verlag, München 1993.

John Hick: Die eigene Haltung in den Begegnungen vor Ort

■ *John Hick, Professor für Religionsphilosophie und Geistlicher der Presbyterian Church of England, begründete 1975 den »Inter-Faith Council for Birmingham« – ein erfolgreiches Modell kommunaler interreligiöser Räte.*

Ich wurde in jene Arbeit involviert, die man als ethnische oder »kulturelle Integration« bezeichnet. Schon bald hatte ich Freunde und Kollegen sowohl in all diesen nichtchristlichen religiösen Gemeinden als auch in der großen schwarzen Einwanderergemeinde aus der Karibik. Während ich nun gelegentlich Gottesdienste in der Moschee, der Synagoge, im Tempel und im Gurdwara besuchte, wurde mir klar, dass dort im Wesentlichen das Gleiche geschieht wie in einer christlichen Kirche – nämlich, dass sich hier Menschen einer höheren göttlichen Wirklichkeit öffnen, die sie als einen personalen und guten Gott kennen, der Gerechtigkeit und Liebe zwischen den Menschen gebietet. Ich konnte feststellen, dass beispielsweise für einen gläubigen Sikh der Sikh-Glaube das ist, was der christliche Glaube für einen aufrichtigen Christen ist; dass jedoch jeder Glaube – und das ist nur allzu natürlich – von seinen Anhängern als der alleinige und absolute Glaube erlebt wird. Desweiteren offenbarten mir Aufenthalte und Studien des Hinduismus und Buddhismus in Indien und Sri Lanka etwas von der immensen spirituellen Tiefe und Kraft dieser beiden östlichen Religionen. Ich bin nie in die Versuchung gekommen, ein Hindu oder Buddhist zu werden, aber ich konnte sehen, dass innerhalb dieser alten Traditionen Männer und Frauen in heilshafter Weise mit jener ewigen Wirklichkeit verbunden sind, von der wir alle leben.

John Hick, Birmingham 2001. Zit. nach Perry Schmidt-Leukel, Gott ohne Grenzen. Eine christliche und pluralistische Theologie der Religionen. Gütersloher Verlagshaus, Gütersloh 2005, S. 20f. 484f.

Der ökumenische Rat der Kirchen: Pluralität ist Reichtum

Der ökumenische Rat der Kirchen (ÖRK), dem die meisten christlichen Kirchen der Welt angehören (die Römisch-katholische Kirche mit Gaststatus), hat aufgrund seiner zahlreichen interkonfessionellen Gespräche einige Richtung weisende Erklärungen herausgebracht, wie z.B. das Antirassismusprogramm. Diese sind allerdings oft umstritten, weil die Einzelkirchen unterschiedliche politische und gesellschaftliche Positionen vertreten. Außerdem gibt es große Unterschiede im Amts- und Sakramentsverständnis.

Wir sehen die Pluralität religiöser Traditionen sowohl als Ergebnis der mannigfaltigen Wege, in denen sich Gott Völkern und Nationen mitgeteilt hat, als auch als eine Manifestation des Reichtums und der Vielfalt der Antwort des Menschen auf Gottes Gnadengaben.

Ökumenischer Rat der Kirchen; Konsultation von Baar 1990, Religiöse Pluralität und christliches Selbstverständnis, Art. 34, zit. nach: www.wcc-assemby.info.

Ökumene – Option für die Armen

Bei der Eroberung Südamerikas durch katholische Spanier und Portugiesen im 16. Jh. stehen Missionierung und Kolonisation in einem zwiespältigen Verhältnis. Der Dominikanermönch Bartolome de Las Casas (1474–1566) kritisierte als erster die Unterdrückung der Indianer durch die Eroberer. Durch die Taufe wollte er sie zu Gleichberechtigten machen. Albert Schweitzer (1875–1965) setzte sich für Gesundheit, Bildung und Pflege in Lambarene ein, wenngleich er dem damaligen Bild vom ›Neger‹ verhaftet blieb.
Heute zeigen sich die Kirchen in den Entwicklungsländern sehr aktiv und emanzipieren sich von ihrem europäischen Vorbild. Die japanischen und indischen Jesuiten etwa haben eine Theologie entwickelt, die kulturelle Eigenheiten berücksichtigt, und afrikanische Priester wollen dem Wort Gottes eine afrikanische Handschrift geben. In Lateinamerika entstand die Theologie der Befreiung, Symbolfiguren wie Dom Helder Camara, ein brasilianischer Prälat (geb. 1909), und Oscar Romero y Galdamez, ein Prälat aus El Salvador (1980 ermordet aufgrund seines Eintretens gegen Elend und Menschenrechtsverletzungen in El Salvador) sprachen von »der bevorzugten Option für die Armen«. So wie der anglikanische Bischof Desmond Tutu (geb. 1931, Friedensnobelpreis 1984), eine Leitfigur im Kampf gegen die Apartheid, engagierten sich Christen für Demokratie; in einigen Ländern wie China sind sie jedoch Opfer von Ausgrenzung, Schikane oder Verfolgung.

Brigitte Dumortier: Atlas der Religionen, Melitzke Verlag, Leipzig 2004, S. 13.

Kriterien der Toleranz

Eine Kommission zur Zukunft eines multi-ethnischen Britanniens entwickelte Kategorien zur Begegnung mit »den religiös Anderen«. In den Begegnungen sollte man besonders auf folgende Kategorien achten: Monolythisch oder different; Trennung oder Interaktion; minderwertig oder verschieden; Feind oder Partner; unehrlich oder aufrichtig; verschlossen oder offen gegenüber Kritik; für oder gegen Diskriminierung.

Leitfragen:

- Werden die religiös Anderen als monolythischer, statischer, unwandelbarer Block wahrgenommen oder als eine in sich differenzierte Gruppe, in der es Diskussionen und die Möglichkeit der Weiterentwicklung gibt?
- Werden die religiös Anderen als von mir völlig getrennt gesehen, mit denen mich keine gemeinsamen Werte verbinden ... oder sehe ich mein Verhältnis zu ihnen als interdependent an, das heißt als ein Verhältnis mit gemeinsamen Werten und Zielen und der Möglichkeit wechselseitiger Beeinflussung und Bereicherung?

Zit. nach Perry Schmidt-Leukel, Gott ohne Grenzen. Eine christliche und pluralistische Theologie der Religionen. Gütersloher Verlagshaus, Gütersloh 2005, S. 20f. 484f.

Die Adhivasi, Ureinwohner in Mittelindien (Bundesstaat Jharkand) leben als Kastenlose (»Dalit«) abgedrängt in den Bergregionen. Der evang. Entwicklungsdienst EED fördert sie durch ein Projekt zur Entwicklung dörflicher Strukturen. Zeitzeichen 12/2005, S. 48 ff.

I Die Wissenschaften

Was ist Religion? »Die Frage, was Religion sei, verrät abendländische Herkunft. Sie ist nur möglich, wo eine Differenz besteht zwischen der Gesamtheit einer Kultur und ihrer Religion. In Kulturen, wo die Religion als integraler Teil des ganzen Lebens der Gemeinschaft und des Einzelnen in ihr verstanden wird, wie in den östlichen Kulturen, wird diese Frage nicht gestellt. Ein spezieller, nur auf sie anwendbarer Begriff fehlt weitgehend«, stellt der Religionswissenschaftler Theo Sundermeier fest.
Das folgende Kapitel erschließt den Religionsbegriff nach dem heutigen Verständnis der Religionswissenschaft und hinterfragt die eurozentristische Perspektive. Es vermittelt einen Einblick in die Denk- und Arbeitsweise der Religionswissenschaften (Ethnologie, Religionssoziologie, Religionspsychologie) sowie in jüdische, christliche und islamische Theologie.

33 Ethnologie: Menschliche Kultur und Religion

Anton Quack: Wald und Religion bei den Mbuti

■ *Unter dem Namen Pygmäen (griech. Pygmaios = eine Faust groß) fasst man eine Gruppe von Völkern oder Stämmen zusammen, die im tropischen Regenwald Zentralafrikas siedeln und die sich durch Kleinwüchsigkeit (die Männer sind kleiner als 160 cm, die Frauen kleiner als 150 cm), im Übrigen aber durch große genetische und kulturelle Vielfalt auszeichnen. Sie sind Jäger und Sammler (Wildbeuter); ihr eigentlicher Wirtschafts- und Lebensraum ist der Regenwald.*

Der Wald ist die Lebensgrundlage der Mbuti. Der Wald bestimmt ihre Religion. Die Religion der Mbuti ist ein Waldkult, der allgegenwärtig ist, der sich zwar sehr unspektakulär täglich vollzieht, der seinen besonderen Ausdruck in Jagd- und Honigfeuern, in Liedern und Tänzen findet. Der Waldkult gipfelt in den beiden großen Waldfesten: dem Elima-Fest zur Feier der Pubertät der Mädchen, und dem Molimo-Fest, das aus Anlass des Todes eines Mbuti begangen wird oder bei schweren Krisen durch Unfälle, Krankheiten und andauernden Misserfolg bei der Jagd.
Der Wald spendet Nahrung, spendet Leben. Er umschließt die Mbuti Tag für Tag. Er schützt vor Sonne und vor Krankheiten, wie sie außerhalb des Waldes angetroffen werden. Er garantiert alles, was die Mbuti zu ihrem Leben brauchen. So ist er der Inbegriff des Lebens, eine Wirklichkeit über allen Individuen und Horden.
[Ein Mbuti erzählt:] »Der Wald ist Vater und Mutter für uns, er gibt uns alles, was wir brauchen – Nahrung, Kleidung, Schutz, Wärme und Zuneigung. Gewöhnlich geht alles gut, weil der Wald gut zu seinen Kindern ist; wenn aber etwas missglückt, muss das einen Grund haben. Meistens geht alles gut bei uns. Aber nachts, wenn wir schlafen, gehen manchmal die Dinge schlecht aus, weil wir nicht wachen und alles wieder zum Guten wenden können. Ein Heer von Ameisen dringt ins Lager ein; Leoparden können kommen und einen Jagdhund rauben oder sogar ein Kind. Wären wir wach, so wäre das alles nicht geschehen. Ebenso muss es bei einem großen Unglück wie bei einer Krankheit oder bei einem Todesfall oder bei schlechter Jagd sein; dann hat der Wald geschlafen und konnte nicht für seine Kinder sorgen. Und dann wecken wir ihn, indem wir zu ihm singen; wir singen, damit er glücklich erwachen soll. Dadurch wird alles wieder gut und richtig werden.«
Der Wald, die Grundlage der irdischen Existenz der Mbuti, wird erfahren und verehrt als eine Wirklichkeit, die das Leben der Mbuti übersteigt. Die Mbuti verehren ihn als Gottheit, als Heil bringende übermenschliche Macht. Sie reden ihn mit Worten an, mit denen man Mutter und Vater, Freunde und Geliebte bezeichnet. Wenn der Wald einschläft, sterben die Mbuti, kommen Krankheiten und Hunger. So muss er wieder geweckt werden, damit er seine Leben spendende Macht ausüben kann. Die Erfahrung dieser Leben und Heil spendenden Wirklichkeit bestimmt und durchdringt Denk- und Lebensweise, die ganze Kultur der Mbuti. Es ist eine im Wesen positive Erfahrung, die zu einem Grundvertrauen führt und die Sicherheit in allen Krisen des menschlichen Lebens gibt.
Diese positive Grundeinstellung des Lebens kommt in den großen religiösen Festen zum Ausdruck. Der Wald wird gefeiert, das Leben wird gefeiert. So ist die Religion weit mehr als ein vages System von Glaubensvorstellungen und einigen rituellen Praktiken. Die Religion ist soziale Praxis, die die Ordnungen des Lebens stützt, erhält, erneuert.

Im Verständnis der Ethnologen ist Religion ein Teil von Kultur. Darum kann es sich bei Religion nur um einen Ausschnitt einer Kultur handeln oder um einen Aspekt. Wird Religion als Ausschnitt von Kultur gesehen, so setzt das voraus, dass Religion aus dem Ganzen der Kultur herauslösbar, heraustrennbar ist, wenn auch nur zum Zweck der Untersuchung. Es wird mit Recht bezweifelt, ob ein solches selektives Verfahren generell und universal anwendbar ist. Denn es setzt offenbar die abendländische, westliche Lebenserfahrung voraus, die zwischen sakral und profan unterscheidet. Die

Tirio-Volk in Surinam, Regenwald. Aus: National Geographic Atlas der Völker, Hamburg 2002, S. 8f. Foto: Robert Caputo.

Unterscheidung sakral und profan ist jedoch nicht einmal im abendländischen Raum ganz durchzuhalten. Man denke etwa an die religiöse Praxis auf der Ebene der Volksreligion: Zwar wird der Raum der Kirche vielfach als sakral akzeptiert, doch praktizierte Religion unterscheidet nicht mehr zwischen sakral und profan. Auch für christliche Europäer ist gelebte Religion aus dem kulturellen Zusammenhang nicht herauszulösen.
Religionsethnologen befassen sich erstens mehr mit der Praxis des Lebens als mit der Theorie, mehr mit dem Vollzug von Religion als mit Theologie und Glaubenslehren; sie haben zweitens durchweg Kulturen im Blick, die keine schriftlichen Dokumente zur Theorie ihres Verhaltens besitzen und bei denen eine scharfe Trennung zwischen religiös geprägten und nicht religiös geprägten Teilen der Kultur nicht gesehen werden kann. Religion wird also nicht als Ausschnitt der Kultur betrachtet, sondern als ein Aspekt der Kultur. Ein Aspekt, der in allen Bereichen der Kultur gefunden werden kann. Jede Art menschlichen Verhaltens kann religiös motiviert sein.

Anton Quack: Heiler, Hexer und Schamanen. Die Religion der Stammeskulturen, Wissenschaftliche Buchgesellschaft, Darmstadt 2004, S. 14.43f.

34 Religionswissenschaften: Religion – ein schwieriger Begriff

Manfred Hutter: Gibt es Weltreligionen?

■ *Der Bonner Religionswissenschaftler Manfred Hutter macht am Beispiel des Begriffes »Weltreligion« die Schwierigkeit religionswissenschaftlicher Begriffsbildung klar und verweist gleichzeitig auf die Problematik des Eurozentrismus in den Religionswissenschaften.*

Ein Aspekt, der nicht unwesentlich die Vorstellung und die Definition von Weltreligionen mitgeprägt hat, ist das Vorhandensein von »heiligen Schriften«. Im 19. Jahrhundert hat der Religionswissenschaftler Friedrich Max Müller für dieses Konzept der Weltreligionen gleichsam die Basis gelegt. Für ihn ist der Maßstab, an dem Weltreligionen zu messen sind, die jüdisch-christliche Tradition mit der Wertschätzung der Bibel. Religionen, die analoge »Bücher« als heilige Schriften besitzen, waren für Müller von weltweitem Interesse, d.h. als Weltreligionen wert, sorgfältig untersucht zu werden. [...]
Die [...] Forschungsgeschichte macht deutlich, dass »Weltreligion« ein Begriff ist, der aus einem europä-ischen Blickwinkel unterschiedliche Religionen in eine Kategorie zwängen will. Insofern können [...] Beobachtungen zur Wahrnehmung von Religionen außerhalb Europas unseren eigenen eurozentrischen Blick relativieren und dazu beitragen, Einseitigkeiten in unserer Wahrnehmung zu vermeiden. Die Republik Indonesien nennt unter den fünf Grundprinzipien, auf denen die Staatsdoktrin aufgebaut ist, als erstes Prinzip den Glauben an Gott; in Konsequenz wird daraus abgeleitet, dass in Indonesien fünf Religionen anerkannt sind: Islam, Hinduismus, Buddhismus, Katholizismus und Protestantismus. Aufschlussreich ist dabei, dass das aus europäischer Perspektive in der Regel gemeinsam mit Islam, Hinduismus und Buddhismus genannte Christentum als »Weltreligion« in der indonesischen Wahrnehmung in zwei Religionen gespalten wird. Erklärbar ist diese Teilung für den Religionswissenschaftler aus der politischen Geschichte Indonesiens. Die niederländische Kolonialregierung bevorzugte den Protestantismus, daneben gab es aber auch die aktiven katholischen Missionsschulen und -stationen. Offensichtlich stellten sich für die Politiker des unabhängigen Indonesien die beiden unterschiedlichen christlichen Konfessionen als völlig selbstständige Größen dar.
Ähnlich wird manchmal auch in den religionspolitischen Dokumenten aus der Volksrepublik China zwischen Katholizismus und Christentum unterschieden, die neben den drei weiteren in China wichtigen Religionen Buddhismus, Daoismus und Islam genannt werden.

Manfred Hutter, Die Weltreligionen, C. H. Beck Verlag, München 2005, S. 14f.

Religionswissenschaft

Die Aufgabe der Religionswissenschaft ist die empirische historische und systematische Erforschung und Darstellung der Religionen und religiösen Phänomene. Als Wissenschaft von den Religionen untersucht sie die jeweilige Gesamtheit religiöser Erscheinungsformen oder deren Einzelaspekte und ihre Beziehungen zu anderen Lebensbereichen. Ihr Gegenstand sind die sich selbst als religiös verstehenden Menschen, deren religiöse Erfahrungen in den unterschiedlichsten Formen zum Ausdruck kommen. Diese durch den jeweiligen historischen, kulturellen und sozialen Kontext geprägten Ausdrucksformen religiöser Erfahrung lassen sich in drei umfassende Komplexe gliedern:

1. den theoretischen Bereich des »Glaubenssystems«, wie er sich in Lehre, Tradition und Unterweisung darstellt,
2. den praktischen des »Aktionssystems«, der sich in den religiösen Handlungen manifestiert,
3. den sozialen Komplex religiöser Gemeinschaftsbildung.

Die Religionswissenschaft versucht in diesem Rahmen, religiöses Verhalten zu beschreiben und zu erklären, die Strukturen einzelner religiöser Erscheinungen aufzudecken und deren Beziehungszusammenhänge deutlich zu machen, herauszufinden, welche Komponenten und Zusammenhänge die Identität, d.h. das Wesen und den Kern, einer Religion konstituieren, und den Wandel und die Veränderungen von Religionen ebenso wie das Entstehen von neuen Religionen zu erforschen, zu erklären und darzustellen.
Als wissenschaftliche Disziplin umfasst die Religionswissenschaft einen historischen Teil, die Religionsgeschichte, und einen systematischen Teil, die auf jener aufbauende materiale und formale Religionssystematik. Diesen beiden Teilbereichen sind eine Reihe von Spezialdisziplinen zugeordnet: Religionssoziologie, Religionsphänomenologie, Religionspsychologie, Religionsgeographie. Die Religionsphilosophie wird eher als eine Disziplin der Philosophie angesehen. Die Religionstheologie gehört in den Bereich der systematischen Theologie.

Der Brockhaus Religionen, Mannheim 2004, S. 554f.

Hans-Martin Barth: Ein Vergleich kommt nicht in Frage

Ein Vergleich der Religionen, aus dem evtl. das Christentum als überlegen hervorgehen könnte, »ist schon aus methodologischen Gründen nicht möglich, da im Bereich der Religionen gar nicht so eindeutig ist, was überhaupt miteinander verglichen werden kann. Schon Begriff und Phänomen von Religion als solche sind ja strittig. Ist der Ur-Buddhismus eine Philosophie, der Zen-Buddhismus eine Religion, eine Philosophie oder eine psychische Technik? Ein Vergleich kommt auch deshalb nicht in Frage, weil die Maßstäbe dafür fehlen. Wonach soll man vergleichen?«

Hans-Martin Barth: Dogmatik. Evangelischer Glaube im Kontext der Weltreligionen. Ein Lehrbuch. Gütersloher Verlagshaus, Gütersloh 2002, S. 40.

35 Theologie: Christlich, jüdisch, islamisch

Mündliche und schriftliche Tora

Chassidische Studenten führen eine lebendige Debatte. Das ist ein hoch geschätzter Aspekt jüdischen Lebens und Theologisierens (›klären‹). Diese Art des Disputs ist tief in der talmudischen Tradition verwurzelt, eine kreative Möglichkeit, Lösungen zu finden unabhängig von einem religiösen Lehramt oder Dogma, welches das Judentum nicht kennt.

Chassidische Studenten in Israel. Aus: National Geographic Atlas der Völker, Hamburg 2002, S. 249. Foto: Angie Griffith Belt.

עין משפט נר מצוה 166 החובל פרק שמיני בבא קמא מסורת הש״ס

תורה אור

החובל בחבירו ׳חייב עליו משום חמשה דברים ׳בנזק בצער ברפוי בשבת ובושת: בנזק כיצד סימא את עינו קטע את ידו שיבר את רגלו רואין אותו כאילו הוא עבד נמכר בשוק ושמין כמה היה יפה וכמה הוא יפה: צער ׳כואו (או) בשפוד או במסמר ואפילו על ציפורנו מקום שאינו עושה חבורה ׳אומדין כמה אדם כיוצא בזה רוצה ליטול להיות מצטער כך: ׳ריפוי הכהו חייב לרפאותו (א) ׳עלה בו צמחים אם מחמת המכה חייב שלא מחמת המכה פטור ׳חייתה ונסתרה חייתה ונסתרה חייב לרפאותו חייתה כל צורכה אינו חייב לרפאותו: ׳שבת רואין אותו כאילו הוא שומר קישואין שכבר נתן לו דמי ידו ודמי רגלו: *׳בושת הכל לפי המבייש והמתבייש: גמ׳ אמאי °עין תחת עין אמר רחמנא אימא עין ממש לא סלקא דעתך דתניא יכול סימא את עינו מסמא את עינו קטע את ידו מקטע את ידו שיבר את רגלו משבר את רגלו ת״ל °מכה אדם ומכה בהמה מה מכה בהמה לתשלומין ׳אף מכה אדם לתשלומין ואם נפשך לומר הרי הוא אומר °לא תקחו כופר לנפש רוצח אשר הוא רשע למות לנפש רוצח אי אתה לוקח כופר אבל אתה לוקח כופר לראשי אברים שאין חוזרין *הי מכה אילימא °מכה בהמה ישלמנה ומכה אדם יומת ההוא בקטלא כתיב אלא מהכא °מכה נפש בהמה ישלמנה נפש תחת נפש וסמיך ליה °ואיש

Das Faksimile zeigt eine typische Seite des Babylonischen Talmud. Der Talmud besteht aus den zwei Kernelementen Mischna (Sammlung von Gesetzen) und Gemara (Diskussion der Mischna), die in der mittleren Spalte abgedruckt sind. Auf dieser Seite geht es um Schadensersatz. Die Mischna, die hier mit »Wer seinen Nächsten verletzt, schuldet ihm fünf Dinge …« einsetzt, wird in der Mitte von Zeile 16 von der Gemara abgelöst, die die Mischna aufnimmt und diskutiert: »Warum [Ersatzleistung]? ›Auge um Auge‹ hat doch der Barmherzige gesagt …«. Die Innenspalte (hier links) enthält den Kommentar des berühmten Gelehrten Raschi aus dem 11. Jahrhundert, die Außenspalte den Kommentar der Schüler von Raschi. Die klein gedruckten Randbemerkungen sind Verweise, Parallelstellen und Kompendien späterer Gelehrter.

Ingolf U. Dalferth: Evangelische Theologie

Die Frage nach dem Spezifikum christlicher Theologie wurde in unterschiedlichen Zeiten unterschiedlich beantwortet. Der Ausgangspunkt für eine Antwort ergab sich immer wieder von anderen Fragestellungen aus. Diese konnten etwa lauten: Was unterscheidet die christliche Theologie vom christlichen Glauben? Worin unterscheiden sich Theologie und Philosophie? Welche Rolle spielt die Vernunft in der Theologie? Ist das Christentum überhaupt eine Religion (D. Bonhoeffer)?
Der Züricher Theologieprofessor Ingolf U. Dalferth (geb. 1948), versucht, das Spezifikum der christlichen Theologie im Unterschied zur Religionswissenschaft zu bestimmen, indem er eine Reihe von besonderen theologischen Fragestellungen ausmacht.

Was heißt es, sein Leben im Licht der Gegenwart Gottes zu leben und zu verstehen? Was zeichnet diese Gegenwart aus? Wie kommt Gott als Gott in ihr zur Sprache, zur Geltung? Wie ist zu leben, wenn die Grundsituation des Lebens ist, coram Deo, im Horizont der von Gott zugespielten Lebensmöglichkeiten gelebt zu werden? Was heißt es für die Welt, den Menschen, das Leben, wenn sie so als Orte von Gottes Gegenwart zu verstehen sind?
Leitfragen dieser Art machen die Theologie zur Theologie und nicht die exegetischen, philosophisch-systematischen und praktisch-empirischen Methoden, mit denen sie in ihren Teildisziplinen Teilprobleme zur Beantwortung dieser Leitfragen bearbeitet. Theologie ist sie allein durch ihre Fragestellungen, nicht durch ihre Methoden. [...]
Auf der einen Seite entfaltet Theologie ein bestimmtes Gottesverständnis, im kritischen Ausgang von der christlichen Glaubenslehre und in permanenter Auseinandersetzung mit anderen Lebensorientierungen. Auf der anderen Seite prüft sie es [das Gottesverständnis] im Denken und am Leben, indem sie alles Wirkliche und Mögliche in seinem Licht versteht als Feld der Gott zu verdankenden Möglichkeiten und der vor Gott zu verantwortenden Chancen. Das sind die beiden Grundaufgaben, die sich aus ihrer Leitfrage nach Gottes Gegenwart in den Erfahrungen der Zeit ergeben, und um sie gruppieren sich alle Bemühungen ihrer Einzeldisziplinen.
Theologie redet damit ausdrücklich von Gott, während Religionswissenschaft Gott nur im Zitat und als Begriff kennt. Als historisch-empirische Wissenschaft beschreibt sie, was Menschen zu und über Gott sagen, was sie von Gott denken und wie sie ihren Glauben leben. Theologie dagegen redet von Gott. [...] Gott ist für sie ein Thema, bei dem nicht auszublenden ist, dass man selbst im Guten wie im Bösen in dieses Thema verwoben ist, weil man das Leben lebt, das man lebt. Für die Theologie markiert Gott nicht ein Thema neben anderen, sondern den Horizont, in dem alle Phänomene des Lebens zu verstehen sind, wenn sie theologisch verstanden werden sollen. Verliert sie dieses Thema, hat sie nicht nur etwas weniger, sondern gar nichts mehr zu sagen.

Ingolf U. Dalferth, Theologie im Kontext der Religionswissenschaft, in: Theologische Literaturzeitung 126/2001, S. 14.

Theo Sundermeier: Das Verhältnis von Religionswissenschaft und Theologie

In welchem Verhältnis stehen Religionswissenschaft und zueinander? Der Heidelberger Religionswissenschaftler Theo Sundermeier unterscheidet die beiden folgenden Modelle der Verhältnisbestimmung:

1. Religionswissenschaft und Theologie sind zwei völlig nebeneinander arbeitende Disziplinen. Die eine lebt vom Wort Gottes und der Offenbarung. Die andere muss als eine Humanwissenschaft angesehen werden. (K. Barth)
2. Religionswissenschaft und Theologie verhalten sich wie zwei sich überschneidende Kreise zueinander. Gemeinsames Bezugsfeld beider Wissenschaften ist der Mensch, wie er durch Religionserfahrungen in seiner Existenz bestimmt wird. Aus religionswissenschaftlicher Sicht gibt es eine ähnliche »getrennt-harmonische« Zuordnung. Beide werden als verwandte Wissenschaften angesehen, die getrennte, aber aufeinander bezogene Forschungsgegenstände haben und sich deshalb in einem fruchtbaren Austausch befinden. Der gemeinsame Forschungsgegenstand ist die Religion, die mit eigenen Methoden erforscht werden muss, ohne dass die benachbarten Wissenschaften auszuschließen sind.

Theo Sundermeier: Was ist Religion? Religionswissenschaft im theologischen Kontext. Ein Studienbuch, Gütersloher Verlagshaus, Gütersloh 1999, S. 223ff.

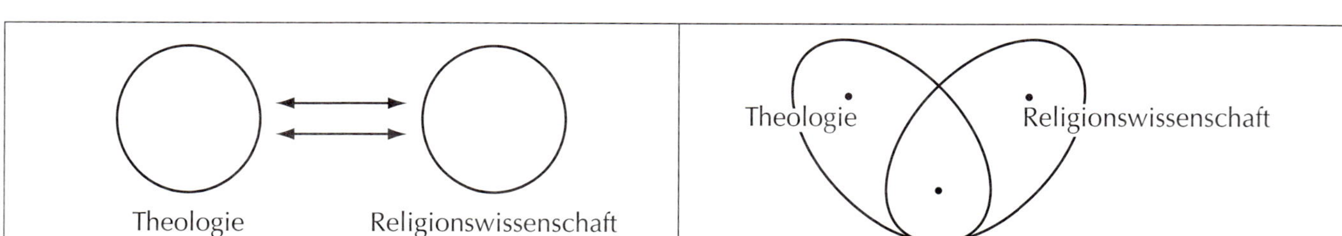

Adel Theodor Khoury: Die Auslegung des Korans

Der katholische Priester und Theologe Adel Th. Khoury (geb. 1930) legte die einzige von Muslimen anerkannte deutsche Koranübersetzung vor. Im folgenden Text erläutert er die Haltung muslimischer Gelehrter zum Koran.

Die zentrale Bedeutung des Koran im Leben der islamischen Gemeinschaft erklärt die Bemühungen der Gelehrten um eine rechte Auslegung dieser Urkunde des Glaubens und des Gesetzes. Dabei kann man bis heute zwei Haltungstypen der Gelehrten gegenüber dem heiligen Buch erkennen.
Die einen pflegen eine solche tiefe Ehrfurcht vor ihm, dass sie sich jedem Versuch verschließen, seinen Text einer nach den Regeln der modernen Exegese durchgeführten Auslegung zu unterziehen. Auch eine hermeneutisch orientierte Deutung des Korans angesichts der Umstände des Lebens in der heutigen Zeit scheitert daran, dass man die wörtliche Offenbarung des Korans betont und die in der Tradition wohlbekannten Umstände und Gründe der Offenbarung wenig beachtet.
Andere wollen im Koran nicht nur einen religiösen Wegweiser, sondern auch die Summe aller wissenschaftlichen Erkenntnisse und der technischen Errungenschaften aller Zeiten wenigstens vorgezeichnet sehen. Diese Haltung gründet auf einer überzogenen Deutung des Koranverses: »Wir haben im Buch nichts übergangen ...« (6,38).
Versuche einer modernen Exegese des Korans bleiben heute noch sehr vereinzelt und zaghaft.
Es dominieren also heute wie in der Vergangenheit die Kommentare philologischer, theologischer, apologetischer, juristischer und mystischer Natur. Die muslimischen Gelehrten hatten sich ja seit den Anfängen bemüht, den Inhalt der koranischen Botschaft darzulegen. Vor allem Ibn Abbas, der Vetter Muhammads, hatte sich in der islamischen Frühgemeinde einen Namen als Koranausleger gemacht. Ibn Abbas (gest. um 687) gründete sogar eine Art Schule: Seinen Schülern vermittelte er das geschichtliche Material und die Deutungen, die Geschichten und die Angaben über. Im Laufe der Zeit entstand das Bedürfnis, die traditionelle Auslegung des Korans schriftlich zu fixieren und sie mit Hilfe verschiedener Sprachbelege aus dem Erbe des vorislamischen Arabien zu interpretieren. [...] Später wurde die theologische Bedeutung vieler Koranstellen besonders berücksichtigt, und einer eher philologischen und auf die Rechtsbestimmungen bezogenen Auslegung gesellte sich eine theologieorientierte Exegese hinzu. [...]
Für den gläubigen Muslim ist der Koran die erste und mit absoluter Autorität versehene Urkunde seines Glaubens und seiner Religion, das heilige Buch, das die Rolle eines unfehlbaren Wegweisers erfüllt. Der Koran lehrt ihn ja, zu Gott zu reden, ihn anzurufen, den richtigen Weg zu finden und zu gehen, sich damit in der besten Weise dem Willen Gottes zu unterwerfen, sich dem Dienst Gottes hinzugeben, d.h. den eigentlichen Sinn des Wortes *islam* zu erfüllen.

Der Koran. Arabisch – Deutsch. Übersetzt und kommentiert von Adel Theodor Khoury. Gütersloher Verlagshaus, Gütersloh 2004, S. 52f.

Die »Fatiha«. Mittelalterliche Koranseiten (16. Jh.).

Sure 1: Die Eröffnung

Am Anfang des Korans steht die »Fatiha«, die »Öffnende«, die »Eröffnung«, die »Mutter des Korans«. Sie ist ein einfaches Gebet, das bei Muslimen etwa die gleiche Bedeutung hat wie bei Christen das »Vater unser« und das täglich mehrfach gesprochen wird.

Im Namen Gottes, des Erbarmers, des Barmherzigen.
Lob sei Gott, dem Herrn der Welten, dem Erbarmer, dem Barmherzigen, der Verfügungsgewalt besitzt über den Tag des Gerichtes!
Dir dienen wir, und Dich bitten wir um Hilfe.
Führe uns den geraden Weg derer, die Du begnadet hast, die nicht dem Zorn verfallen und nicht irregehen.
Sure 1,1–7

Der Koran. Arabisch – Deutsch. Übersetzt und kommentiert von Adel Theodor Khoury. Gütersloher Verlagshaus, Gütersloh 2004, S. 52f.

36 Religionspsychologie: Religion und Gesundheit

Ulrich Schnabel: Glauben hilft

■ *Die Religionspsychologie ist seit Sigmund Freud und C. G. Jung ein wichtiges Thema der Religionsforschung. Beide Forscher stritten sich um die Frage, ob die Religion die menschliche Seele nützlich oder schädlich beeinflusse. Heute suchen Gehirnforscher nach dem »religiösen Gen«, fragen nach dem evolutionären Nutzen von Religion. In den USA versucht die John Templeton Foundation mit einem Etat von rund 40 Millionen Dollar pro Jahr, Wissenschaft und Religion miteinander zu versöhnen. Im Trierer Forschungszentrum für Psychobiologie und Psychosomatik hat der Religionswissenschaftler und Psychologe Sebastian Murken eine »Arbeitsgruppe Religionspsychologie« gegründet, die unvoreingenommene Religionsforschung betreiben will.*

Forscher um Sebastian Murken haben in der Onkologischen Rehabilitationsklinik in Bad Kreuznach eine Studie zur Rolle der Religiosität bei der Bewältigung von Brustkrebs durchgeführt. Murken hat festgestellt, dass Religion unter bestimmten Bedingungen hilft. Eine Stütze im Glauben fanden Patientinnen, die hochreligiös waren und ein positives Gottesbild hatten. Nach dem Motto »Was der Herr tut, ist wohlgetan«, konnten sie selbst ihrer Krankheit einen positiven Sinn abgewinnen. Wer dagegen das Bild eines strengen, strafenden Gottes im Herzen trug, litt in der Klinik verstärkt unter Angst- und Depressionszuständen. Und die Vertreter einer »mittleren Alltagsreligiosität« waren in der Klinik vor allem von Verunsicherung und Zweifeln geplagt. »Eine Religion hilft vor allem denen, die stark daran glauben, dass sie ihnen hilft«, folgert Murken.

Dahinter steckt für Murken mehr als nur eine Art religiöser Placebo-Effekt. Er favorisiert einen therapeutischen Ansatz nach Art der Anonymen Alkoholiker. Deren berühmtes Zwölf-Schritte-Programm benutzt zwar ebenfalls religiöse Mechanismen, setzt aber keinen bestimmten konfessionellen Glauben voraus. So heißt es im ersten Schritt: »Wir geben zu, dass wir dem Alkohol gegenüber machtlos sind – und unser Leben nicht mehr meistern können.« Und darauf folgt der Entschluss, »unseren Willen und unser Leben der Sorge Gottes – so wie wir ihn verstehen – anzuvertrauen«.

Den Erfolg dieses Genesungsprogramms hat Murken nachgewiesen. Der Glaube an eine »höhere Macht« wird von den Alkoholikern tatsächlich als entlastend und hilfreich empfunden – die Natur dieser »Macht« ist von untergeordneter Bedeutung. Manche vertrauen auf den Christengott, andere schöpfen ihre Kraft für den Entzug aus der höheren Macht der Gruppe, die sie besuchen.

Von einer »kleinen Transzendenz« spricht Murken in diesem Zusammenhang: »Wichtig ist, dass man das ständige Kreisen um das eigene Ich aufgibt. Die Vorstellung, wir müssten alles aus eigener Kraft schaffen, erzeugt einen unheimlichen Leistungs- und Erwartungsdruck, der wenig hilfreich ist.« Statt Selbstverwirklichung und Ich-Findung ist daher für Murken vor allem »Ego-Deflation« angesagt. »Wir müssen von uns selbst als Nabel der Welt wegkommen und einsehen, dass wir auch nur ein Staubkorn im Weltall sind.«

Wir müssen unsere Wirklichkeit selbst konstruieren. Ein göttlicher Plan hilft

Vielleicht ist ja dieses »Sich-ins-Verhältnis-Setzen«, das »Gefühl schlechthinniger Abhängigkeit«, wie es der Theologe Friedrich Schleiermacher nannte, der Kern jedes Glaubens. Wer sich so als Puzzlestein in einem höheren Plan versteht, erlebt zwar dasselbe Auf und Ab des Lebens wie jeder andere auch – aber er interpretiert es völlig anders. »Die Hirnforschung lehrt uns zwar heute, dass jeder von uns seine Wirklichkeit in gewisser Weise selbst konstruieren muss, aber sie erklärt nicht, wie wir dies tun sollen, wie wir auf die Grundfragen des Lebens – Woher komm ich, wohin geh ich, wofür ist das alles gut? – antworten sollen«, sagt Murken. Zur Füllung dieser Leerstelle, prognostiziert er, werden auch weiterhin religiöse Glaubensgebäude unabdingbar sein.

Ulrich Schnabel: Hirnforschung. Warum Menschen glauben. Wissenschaftler versuchen, die Kraft der Religion zu erklären – mit Hirnströmen und Gottes-Genen, in: Die Zeit Nr. 20 vom 11. Mai 2005.

Weibliche Statuette, Region Djenné, Mali (Afrika). Archäologen vermuten, dass diese Statuette zur Abwehr von epidemischen Krankheiten (Pest) gestaltet und benutzt wurde. Foto: Roger Asselberghs, in: Werner Schmalenbach [Hg.]: Afrikanische Kunst aus der Sammlung Barbier-Mueller, Genf, Prestel Verlag München 1988. S. 58.

37 Religion und virtuelle Welt

Der Film I, Robot schildert die Ermittlungen Inspector Spooners (Will Smith), der den mysteriösen Selbst(?)mord eines Roboterspezialisten der Firma US Robotics aufklären soll. Spooner, der selbst traumatische Erfahrungen mit einem Roboter zu verarbeiten hat, ermittelt im »Robotic-Milieu« und kommt in Berührung mit der neuesten Robotergeneration MS 5. Aus dieser noch nicht auf den Markt gebrachten Serie stammt wohl der »Täter«, den Smith hinter dem Tod des Wissenschaftlers vermutet. Neu an diesem (wohl »aus der Reihe tanzenden«) Exemplar der Serie MS 5 ist: Er hat ein Ich-Bewusstsein, entwickelt Gefühle und kann so auch schuldig werden. Ob Sony – so nennt sich der Roboter selbst – aber wirklich der »Täter« ist, bleibt zunächst noch unklar. Das Szenenbild zeigt zwei Formen einer künstlichen Intelligenz, die im Film eine Rolle spielen: der eher anthropomorphe Roboter Sony und die virtuelle Intelligenz des Zentralcomputers Viky, der nur noch in Form eines sphärenhaften Gesichts mit Spooner und anderen kommuniziert.

Michael Utsch: Religiöse Funktionen des Internet

■ *Der Diplompsychologe und Psychoanalytiker Dr. Michael Utsch beschäftigt sich als Referent der Evangelischen Zentralstelle für Weltanschauungsfragen, Berlin, mit neuen religiösen Bewegungen, dem Psychomarkt und Religionspsychologie.*
Entgegen den Voraussagen vieler Forscherinnen und Forscher haben sich Religionen im Zuge der »Säkularisierung« keineswegs aufgelöst oder ins Private verflüchtigt. Die Metapher der Säkularisierung führte aber dazu, dass man heute von der »Rückkehr der Religionen« spricht, obwohl diese nie verschwunden waren. Verändert haben sich vielmehr Ort und Funktion der Religionen in modernen Gesellschaften. Der religiöse Pluralismus war (nicht nur) in Europa seit der Spätantike der Normalfall.

Kopernikus	Die Erde ist nicht der Mittelpunkt der Welt
Darwin	Der Mensch ist auch nur ein Tier
Freud	Das Ich ist nicht Herr im eigenen Haus
Konstruktivismus	Es gibt keine objektive Abbildung der Welt
Künstliche Intelligenz	Der Geist ist computertechnisch nachzubilden.

Für das Jahr 2099 rechnet der Computerspezialist Ray Kurzweil damit, dass durch neuronale Chipimplantate Computer und Mensch gänzlich verschmolzen sein werden. Damit wäre der Menschheitstraum der Unsterblichkeit virtuell ver-

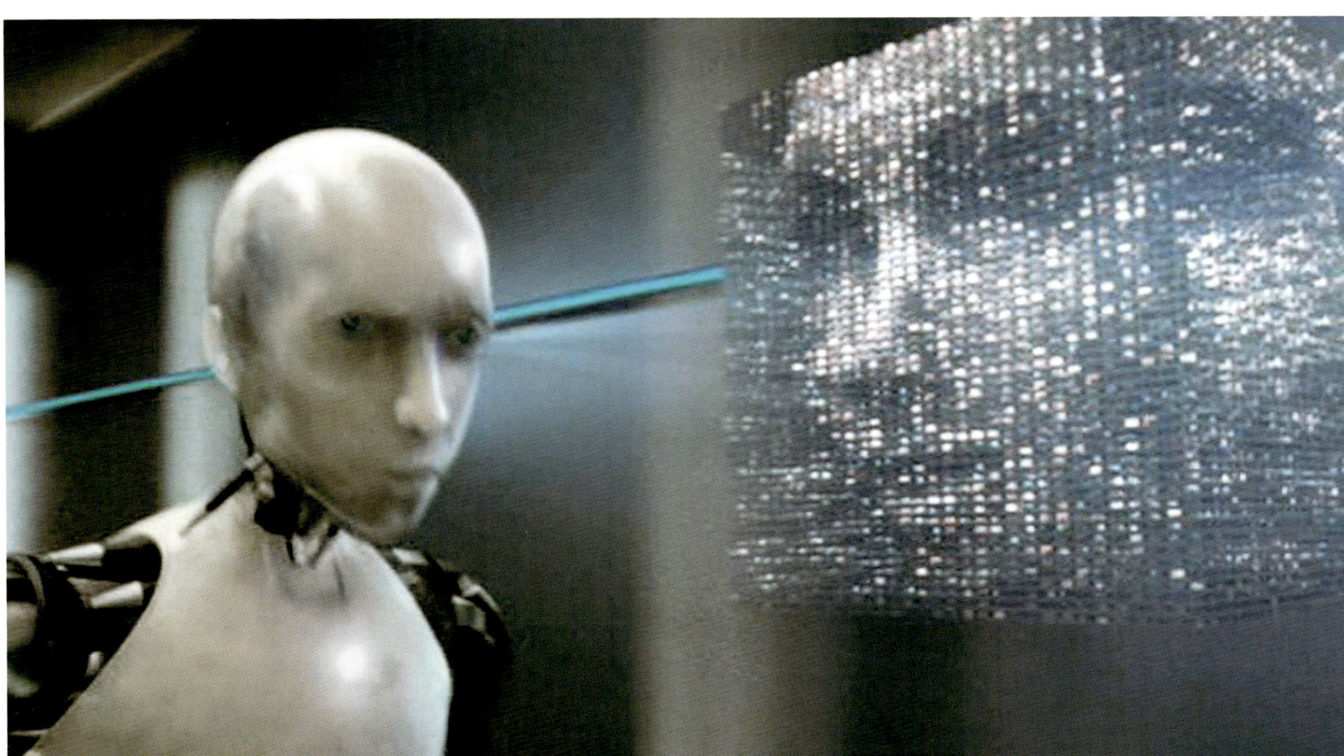

Der Roboter Sony und der Zentralcomputer Viky; Szene aus dem Film »I, robot«, USA 2004.

wirklicht. Sein Lebenstraum besteht darin, die Welt einmal mit den Augen einer Frau zu betrachten. Sein Double »Ramona« ist auf seiner Internetsite zu besuchen. [...]
Allgemeiner gefasst unterstützen diese Befunde die These, dass die computerbasierte Kommunikationsplattform des Internets mittlerweile religionshaltige Strukturen erreicht hat.

- Der Begriff »Religion« bezeichnet ganz allgemein die Verbindung mit einer höheren Macht. Während die klassischen Orte und Riten der Religion den Altarraum und das Opfer bzw. das Abendmahl beinhalten, sind die modernen religiösen Reliquien Tastatur, Maus, die Internetverbindung und das Surfen und Chatten.
- Das Ziel aller Mystiker bestand darin, die oftmals belastende Raum- und Zeitgebundenheit durch religiöse Techniken zu überschreiten und in beständiger Gottesgegenwart zu leben. Das Wissen darum, »online« zu sein, kann analog als der Eintritt in die Gegenwart einer höheren Macht oder eines Energiefeldes empfunden werden.
- Jede Religion erweitert das persönliche Wahrnehmungs- und Bewusstseinsfeld. Religiöse Texte oder Bilder liefern Anstöße zur inneren Erbauung. Das Internet wird zunehmend als religiöses Informations- und Orientierungsmedium benutzt.

Für den Religionssoziologen Franz Xaver Kaufmann ergeben sich zusammenfassend sechs »lebensdienliche Kulturleistungen«, in denen das Internet religiöse Funktionen übernimmt. Das Internet

- widmet sich Affektbindungen und Angstbewältigung
- hilft bei Entscheidungen und bietet Orientierung
- leistet seinen Beitrag zur Verarbeitung von Kontingenzerfahrungen
- ist gemeinschaftsbildend und bietet soziale Integration
- trägt zur Kosmisierung der Welt bei
- ist eine Plattform von Widerstand und Protest gegen einen als ungerecht oder unmoralisch erfahrenen Gesellschaftszustand.

Stellenweise nimmt das Internet mittlerweile sogar zentrale religiöse Plätze ein, wenn etwa virtuelle Friedhöfe entstehen und eine bleibende Erinnerung in einer »ewigen« Datenbank versprechen. Solche Angebote breiten sich aus und verdeutlichen die Konkurrenz zur Religion, weil damit das Internet traditionelle religiöse Funktionen und Rituale übernimmt.

Michael Utsch: Psychodesign. Chancen und Gefahren virtueller Welten. In: Hans-Martin Gutmann/Cathrin Gutwald (Hg.): Religiöse Wellness. Seelenheil heute, Wilhelm Fink Verlag, München 2005, S. 182ff.

38 Religionssoziologie

Max Weber (*1864 Erfurt, †1920 Heidelberg)

Der Jurist, Historiker und Soziologe Max Weber gilt als einer der Begründer der Religionssoziologie. Durch sein Elternhaus – die puritanische Frömmigkeit seiner Mutter und die Tätigkeit seines Vater als Jurist und Politiker – wurde er frühzeitig angeregt und gefördert. Mit 13 schrieb er bereits zwei historische Abhandlungen. Spätere Auseinandersetzungen mit seinem Vater führten zu körperlichen und psychischen Zusammenbrüchen. Nach 1903 beschäftigte er sich mit dem Phänomen Religion aus sozialwissenschaftlicher Sicht. Er selbst bezeichnete sich als »religiös unmusikalisch«.
In seinen religionssoziologischen Studien über China, Indien und das Judentum geht es ihm um die Wechselwirkung zwischen religiösen Glaubensinhalten und Gesellschaft. In seiner berühmtesten Studie »Die protestantische Ethik und der Geist des Kapitalismus« (1905) glaubt er die psychischen Antriebe des modernen Kapitalismus aus den verweltlichten Glaubensinhalten des Puritanismus ableiten zu können (»Weber-These«).
Mit dem Begriff »Entzauberung der Welt« beschreibt er den Prozess der Rationalisierung bzw. Säkularisierung in der Geschichte Europas. Diese Entzauberung als ein Wesenszug der Religionsgeschichte stellt eine Reaktion auf die Erfahrung der »Irrationalität« der Welt dar. Die Religionen haben auf diese Irrationalität eine Antwort zu geben versucht, sind dann aber Schritt für Schritt durch neue Deutungsversuche abgelöst worden, wenn die immer wiederkehrenden Erfahrungen von Sinnlosigkeit und Unerklärlichkeit nach neuen Antworten verlangten. Über Naturreligionen, kultische Religionen und ethische Religionen verlief die Entwicklung bis zu dem Punkt, wo die religiöse Ethik mit dem Problem des ungerechten Leidens konfrontiert war.
Diese auch als »Theodizeeproblem« bezeichnete Frage (vgl. S. 32) hat zusammen mit der fortgesetzten Erfahrung der »Irrationalität« dazu geführt, dass es zu einer Entwertung der Welt kam, da keine einheitliche Sinngebung mehr möglich schien. Im Gegenzug hierzu wurde mit der Emanzipation des Kapitalismus aus seiner religiösen Vorgeschichte der Weg zu einer »Rationalisierung« weiter Bereiche des Lebens frei. Diese gehorchen nun Eigengesetzlichkeiten, die gegenüber religiösen Normen oder Deutungen völlig autonom sind. Umfassende Sinngebungen scheitern. Selbst die Wissenschaft vermag nur noch ausschnittweise die Welt zu erklären. Anders als Marx sah Weber in der Religion eine dynamisierende positive Kraft. Er ist der wichtigste Vertreter der »Transformationsthese« (»Säkularisierungsthese«).
Die theoretischen Hypothesen im Ansatz Webers – wie auch in dem von Marx – sind heute fraglich geworden. Dennoch prägen seine Thesen nach wie vor unsere Diskussion über Religion und Gesellschaft.

Vgl. Klaus Hock, Einführung in die Religionswissenschaft, Wissenschaftliche Buchgesellschaft, Darmstadt 2002, S. 86ff.

Stichworterklärung

BUDDHISMUS

Bodhi das »Erwachen«, die Erfahrung der Befreiung aus dem Kreislauf von Tod und Wiedergeburt

Bodhisattva Wer nach Buddhaschaft strebt

Buddha ein »Erwachter«, im Westen oft »Erleuchteter« genannt

Chakra wörtlich »Rad«; auch ein Energiezentrum im Körper

Daodejing (Taoteking) Basistext des chinesischen Daoismus, der dem legendären Weisen Laozi zugeschrieben wird

Dharma die Lehren Buddhas, die andere Menschen zum Erwachen führen können

Erleuchtung westlicher Begriff für bodhi

Karma wörtlich »Tat«, eine Handlung und ihre Konsequenzen in diesem oder einem zukünftigen Leben

Koan eine paradoxe, das heißt nicht mit den Mitteln des Denkens zu lösende (Denk-)Aufgabe für den Meditierenden im Zen-Buddhismus

Konfuzianismus die Philosophie, Religion und das Gesellschaftssystem, das auf den Lehren des chinesischen Weisen Konfuzius (Kongzi) basiert

Laozi (Laotse) legendärer chinesischer Weiser aus dem 6. Jahrhundert v. Chr., der als Autor des Daodejing und Begründer des Daoismus gilt

Pali indische Sprache, in der die frühen heiligen Schriften des Buddhismus aufgezeichnet wurden.

Pali-Kanon der Korpus der Schriften des Urbuddhismus; s. auch Tipitaka

Sangha die Gemeinschaft der den Buddhismus Praktizierenden

Schinto wörtlich »Weg der Götter«, die japanische Urreligion, die später in friedlicher Koexistenz mit dem Buddhismus lebte. Offizielle Nationalreligion Japans, dessen Kaiser als Schinto-Gottheit betrachtet wird

Daoismus chinesische Lehre, als deren Gründer oft der Weise Laozi bezeichnet wird

Theravada wörtlich »Weg der Älteren«, der von den Anhängern des Mahayana (»Großes Fahrzeug«) auch Hinayana (»Kleines Fahrzeug«) genannte Urbuddhismus

Tipitaka (Pali; Sanskrit: Tripitaka) drei Körbe, nach dem Behälter für die ursprünglich auf Palmblätter niedergeschriebenen Schriften benannter Korpus der Lehren des historischen Buddha. Siehe auch Pali-Kanon

Yoga wörtlich »anspannen«, »anschirren« – sc. die Seele an Gott, indisches Meditationssystem zur Befreiung der Seele von der Materie, um ein reines Bewusstsein zu erlangen

Zazen wörtlich »sitzende Versenkung«; Meditation im Zen-Buddhismus

Zen japanische Lesart des chinesischen Wortes Chan; Schule des Buddhismus, die die japanische Kultur stark geprägt hat

JUDENTUM

Aschkenasim mittel- und osteuropäische Juden

Bar Mizwa religiöse Volljährigkeitszeremonie für jungen, Bat Mizwa: religiöse Volljährigkeitszeremonie für Mädchen

Beschneidung Abtrennung der männlichen Vorhaut; vorgeschriebenes Zeichen der Zugehörigkeit zum Bund mit Gott

Brit Mila Beschneidungsritus acht Tage nach der Geburt eines Jungen

Chassidismus religiös-mystische Glaubensbewegung aus dem osteuropäischen Judentum

Gemara Kommentar zur mischna, engere, eigentliche Bezeichnung für den Talmud

Jiddisch ehemalige Volkssprache der Juden Osteuropas

Jom Kippur Versöhnungstag, höchster jüdischer Feiertag

Kabbala engere Bezeichnung der jüdischen Mystik

Kaddisch Gebet, das im täglichen Gottesdienst sowie zum Andenken an verstorbene Verwandte gesprochen wird

Kodesch Kodaschim das Allerheiligste

Midrasch Auslegung des Bibeltexts

Mischna erste autoritative Gesetzessammlung des nachbiblischen Judentums

Mizwot Gebote (die Bibel enthält 613 Mizwot)

Orthodoxes Judentum Bewegungen, die das Gesetz (die Tora) buchstabengetreu befolgen

Pessach (Passah): Frühlingsfest zur Feier des Auszugs aus Ägypten

Rabbi (hebr. »Meister«) geistlicher Führer der jüdischen Gemeinden

Reformjudentum religiöse Strömung, die den Gedanken der Entwicklung in der jüdischen Tradition betont

Rosch Haschana jüdisches Neujahrsfest

Schawuot Wochenfest; Pfingstfest zur Feier der Offenbarung am Sinai

Schᵉma jüdisches Glaubensbekenntnis: »Höre (Schᵉma) Israel! Der Herr, unser Gott, der Herr ist einzig.«

Seder (hebr. »Ordnung«), ritueller Ablauf des häuslichen Pessachmahls

Sephardim aus Spanien und Nordafrika stammende Juden

Sohar Hauptwerk der Kabbala in Form eines Tora-Kommentars

Talmud Sammelwerk mündlicher Überlieferungen des Judentums und wesentliche Grundlage des jüdischen Religionsgesetzes, bestehend aus mischna (Text) und gemara (Kommentar)

Tanach die hebräische Bibel

Tora göttliches Gesetz; die ersten fünf Bücher der Bibel (Genesis, Exodus, Leviticus, Numeri, Deuteronomium)

Zionismus Bewegung zur Gründung eines jüdischen Staates

CHRISTENTUM

Anglikanismus seit dem Bruch Heinrichs VIII. mit Rom (1534) Staatskirche in England

Calvinisten durch Persönlichkeit und Lehre Johannes Calvins (1509–1564) geprägter Zweig des reformatorischen Christentums

Homousie Begriff des Konzils von Nicaea (325) zur Bezeichnung der Wesensgleichheit von Gott Vater und Gott Sohn

Hugenotten französische Calvinisten, die in Frankreich lange verfolgt wurden

Hutterer 1529 entstandene Gruppe von Täufern mit Gütergemeinschaft; wahren bis heute ihre Lebensform in Gemeinden in den USA, Kanada und Paraguay

Jesuiten »Gesellschaft Jesu«, 1534 von Ignatius von Loyola gegründete Ordensgemeinschaft

Konstantin 306–337 römischer Kaiser. Konvertierte zum Christentum und führte es als Staatsreligion im gesamten Römischen Reich ein

Konzil Versammlung aller Bischöfe einer Gegend (Lokalkonzil) oder der ganzen Erde (ökumenisches Konzil) zur Entscheidung von Fragen der Kirchenlehre und Disziplin

Kreuzzüge sieben zwischen 1096 und 1270 vom christlichen Westeuropa aus unternommene Kriegszüge zur Rückeroberung Palästinas, des »Heiligen Landes«, von den Muslimen

Lutheraner Die Evangelisch-lutherischen Kirchen (65 Mio. Mitglieder, vor allem in Deutschland, Skandinavien, Osteuropa, USA, Kanada, Australien) gingen aus der Reformation Luthers hervor. Bekenntnisgrundlagen sind neben der Bibel und dem ökumenischen Glaubensbekenntnis auch die lutherischen Bekenntnisschriften

Miaphysiten Gruppe von orthodoxen Kirchen, z.B. in Ägypten die gegenüber dem Konzil von Chalcedon (451 n. Chr.) lehrten, dass es nur eine Natur (griechisch: *mia physis*) des fleischgewordenen Gottessohnes nach der Einung (Inkarnation) gebe

Nestorianer (Heute auch »Assyrische Kirche«): Anhänger des Patriarchen Nestorius von Konstantinopel, die wegen des Trinitätsdogmas eine eigene Kirche bildeten, die sich bis nach Indien und China ausbreitete.

Nizänisches Glaubensbekenntnis auf dem Konzil von Nicaea (325) beschlossene Bekenntnisformel; hebt besonders die Dreifaltigkeit und die Gottheit Christi hervor

orthodoxe Ostkirche alle aus der byzantinischen Kirche hervorgegangenen Kirchen, die sich nicht der Jurisdiktion und dem Ritus der römischen Kirche unterstellten, sondern dem Patriarchen von Konstantinopel den Ehrenprimat zuerkannten

Reformiert s. Calvinisten

Täufer forderten im 16. Jahrhundert die Erwachsenentaufe. Heute vorwiegend Gemeinden in den USA (Mennoniten, Amische, Hutterer)

Trinität Begriff, mit dem versucht wird, Gott als Drei-Einen zu beschreiben: Vater, Sohn und Heiliger Geist

ISLAM

Bismillahi r-rahmani r-rahim Im Namen Gottes, des Erbarmers, des Barmherzigen; Beginn jedes Korankapitels

Dschihad [arab. »Bemühen«] Einsatz für die Sache Gottes, u. a. zur Verbreitung des Islam. Seit 1970 Selbstbezeichung terrorist. Gruppen, auch als Kampf gegen anders denkende Muslime. Der große D. wird seit dem 8. Jh. vom Sufismus propagiert und meint die rel.-eth. Selbstvervollkommnung

Fatwa (oder Fiqh) Gesetzesauslegung, Gutachten der Rechtsgelehrten

Hadsch fünfte Säule des Islam, die Wallfahrt nach Mekka während des Monats Dhu'l-Hidscha

Hadith Überlieferung von Worten und Taten des Propheten Muhammad

Hidschra Muhammads Zug von Mekka nach Yathrib (Medina) im September 622, später das erste Jahr des muslimischen Kalenders

Id ul-Fitr Fastenbrechen am Ende des Ramadan

Imam Vorbeter; bei den Schiiten Oberhaupt aller Muslime, vergleichbar mit dem Kalifen

Islam arabisch für »Hingabe an Gott«

Ka'ba Heiligtum in Mekka

Khalifa Kalif oder Nachfolger Muhammads

Koran die heilige Schrift des Islam, bestehend aus 114 Suren oder Kapiteln, die in Verse unterteilt sind

Mihrab verzierte Wandnische, zeigt die Richtung Mekkas an

Qibla Gebetsrichtung, Mekka zugewandt

Ramadan 9. Monat des muslimischen Jahres, in dem von Sonnenauf- bis Sonnenuntergang gefastet wird

Raschidun die Rechtgeleiteten; Muhammads erste vier Nachfolger

Salam Frieden; auch als Gruß gebräuchlich

Salat das Gebet, zweite Säule des Islam

Saum vierte Säule des Islam, das Fasten während des Monats Ramadan

Schahada erste Säule des Islam, das Glaubensbekenntnis: Es gibt keinen Gott außer Allah, und Muhammad ist sein Gesandter

Scharia der rechte Weg oder Führer; Gesamtheit der islamischen Lehr- und Glaubensregeln

Schiiten (Schi'at-Ali) »Partei« Alis; Schiiten glauben, dass Ali (der Cousin und Schwiegersohn Muhammads) und seine Nachkommen, die Imame, die islamische Gesellschaft anführen sollen

Sufi islamische Mystiker

Sunna (»Brauch«) vorbildliche Lebensweise des Propheten

Sunniten Angehörige der Hauptrichtung des Islam (etwa 90 Prozent der Muslime). Ihre Grundlage ist neben dem Koran die Sunna, die Tradition (Meinungen der vier ersten Kalifen)

Sure Korankapitel

Umma islamische Gemeinde

Zakat dritte Säule des Islam; Almosen geben